80 degraus

Luís Dill

imagens de Paulo Otero

PALAVRAD

São Paulo - 2ª edição - 2018

Copyright desta edição © Luís Dill, 2018

PALAVRAS

Editorial
Ana Paula Piccoli, Cândido Grangeiro,
Cris Silvério, Ingrid Lourenço, Nadiane Oliveira

Coordenação
Caraminhoca

Capa
Paulo Otero

Dados Internacionais de Catalogação na Publicação (CIP)
de acordo com ISBD

D578o   Dill, Luís

                 80 degraus / Luís Dill; ilustrado por Paulo Otero. - 2. ed. - São Paulo : Palavras Projetos Editoriais, 2018.
                 112p. : il. ; 13,5cm x20,5cm.

                 Inclui biografia.
                 ISBN 978-85-92590-25-3

                 1. Literatura brasileira. 2. Adolescência. I. Otero, Paulo. II. Título.

                                                CDD 869.8992
2018-523   CDU 821.134.3(81)

Elaborado por Vagner Rodolfo da Silva - CRB-8/9410

Índices para catálogo sistemático:
1. Literatura brasileira 869.8992
2. Literatura brasileira 821.134.3(81)

2ª edição: 2018

Todos os direitos reservados a:
Palavras Projetos Editoriais Ltda.
Rua Padre Bento Dias Pacheco, 62
Pinheiros – São Paulo – SP – CEP: 05427-070
Fone: +55 11 3673-9855
palavraseducacao.com.br

80 degraus

Luís Dill

imagens de Paulo Otero

PALAVRAD

São Paulo - 2ª edição - 2018

NOTURNO

Na cidade, a lua:
a joia branca que boia
na lama da rua

Guilherme de Almeida

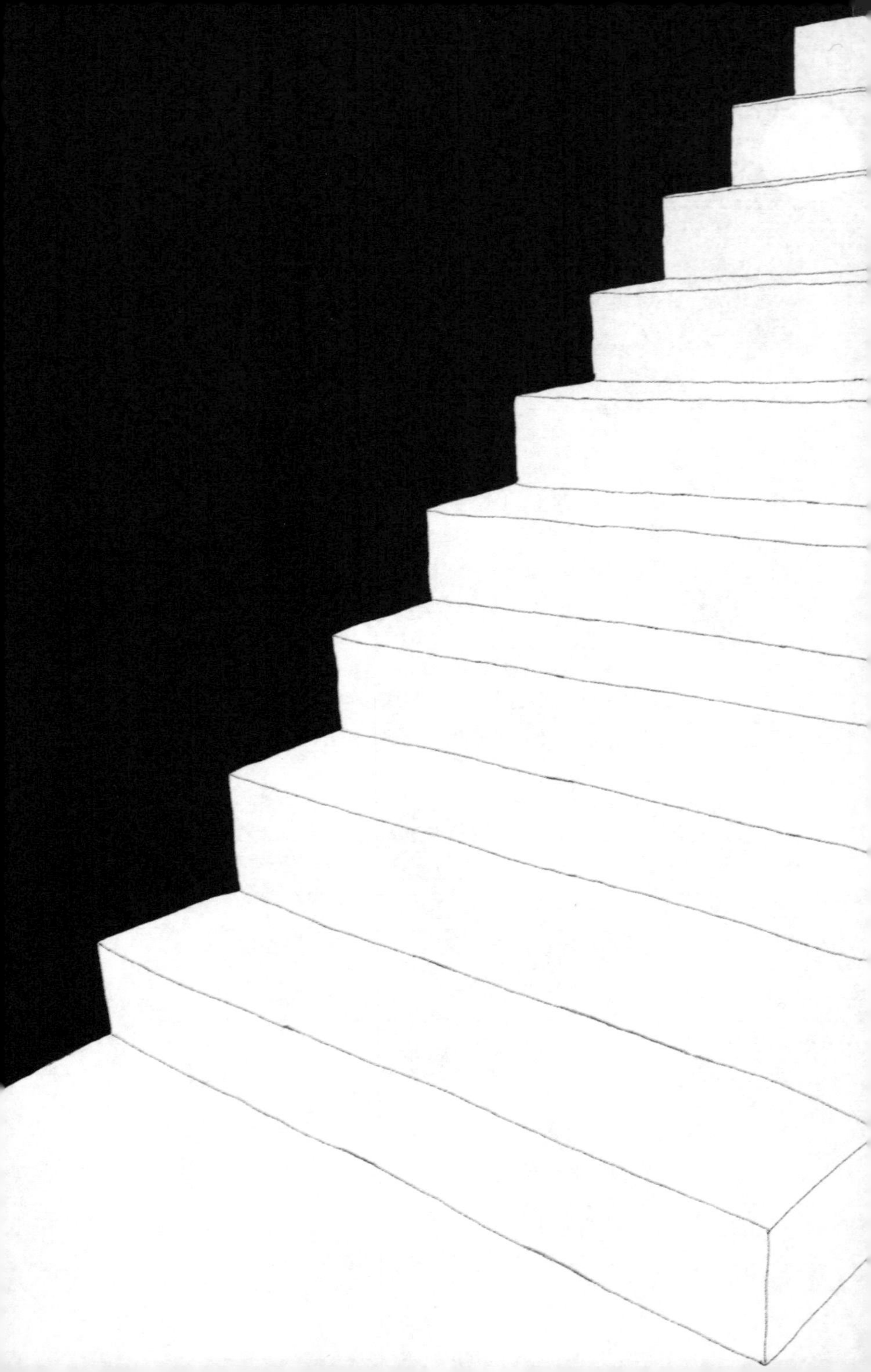

Primeiro degrau

Dou o primeiro passo e já sei que virão vários outros. A subida vai ser longa porque o prédio é velho e o elevador tá sempre estragado. Aliás nunca vi essa geringonça em funcionamento. Já vim aqui antes. Murtinho morava aqui, olha só como são as coisas. O edifício é pra gente pobre, tem seis pisos, um mundaréu de moradores como se fosse ruela de bairro humilde. Quer dizer, ruela pra cima. É um dinossauro cinzento coberto por fuligem. Sempre queimam lixo nesta zona. Das janelas alternam-se lâmpadas acesas, brilhos de tevês ligadas e escuridão. Dizem ter mais de cinquenta anos o edifício. Pode ser, é velho mesmo. Vem do tempo em que a vida era melhor, como os antigos gostam de dizer. A vida era melhor. Sei. Viviam sem tevê a cabo, sem internet, sem celular, sem informática. A vida era melhor? Pra quem? O bom de prédio pobre e antigo é a porta sempre aberta, a criançada entra e sai a todo o momento, mesmo às nove e tanto da noite. Não tem zelador, muito menos essas paranoias de circuito interno.

Segundo degrau

O moletom me faz começar a suar. A noite é quente, mas eu precisava de uma roupa com bolsos pra esconder o revólver. Claro, tinha minha jaqueta jeans ou o casaco da Adidas. Mas, puxa, não quero furar nenhum dos dois a hora em que eu abrir fogo. Melhor o moletom. É velho, tá puído, o preto mais parece cinza. Chamam isso de bolso canguru. Achei melhor o moletom do que tentar esconder a arma no bolso da calça ou na cintura, debaixo da camiseta branca. E outra, quando eu estiver frente a frente com o cara do apartamento sessenta e seis já quero estar com o dedo no gatilho, nada desse lance de meter a mão por baixo da camiseta ou dentro do bolso pra fazer o saque. Pode dar errado e, pior de tudo, antecipar minha intenção. Ele não é bobo. Se o cara se der conta, bom, tudo pode acontecer. Ele é alto e forte. Não posso facilitar. Preciso surpreender o cara. Agora sinto o suor se formando nas minhas costas. Noite abafada. Noite de lua quase toda cheia.

Terceiro degrau

Três moleques passam correndo por mim como se eu fosse o homem invisível. Seria perfeito se eu fosse mesmo invisível. Tornaria o meu trabalho muito mais fácil. Os moleques gritam e se estapeiam e vão se atirar numa briga simulada no saguão do velho prédio. Ameaças e nomes feios dão cara de verdade pra cena. O chão é frio e empoeirado. Os degraus também são frios e empoeirados. Papéis de bala, tufos de cabelo, uma ou outra barata seca de patas pra cima, tocos de cigarro. Sim, há de tudo no caminho até o apartamento sessenta e seis. A limpeza de forma alguma parece preocupar os moradores. De tempos em tempos devem fazer um mutirão, ou então juntam dinheiro e pagam uma coitada pra limpar o lixo que eles mesmos jogam no lugar onde vivem. Imagino como devem ser seus apartamentos. Teias de aranha também estão bem a vista. Nos degraus e nos ângulos do teto. O cheiro é de mofo e de xixi de gato ou cachorro, não sei diferenciar. Mas é cheiro de xixi, com certeza.

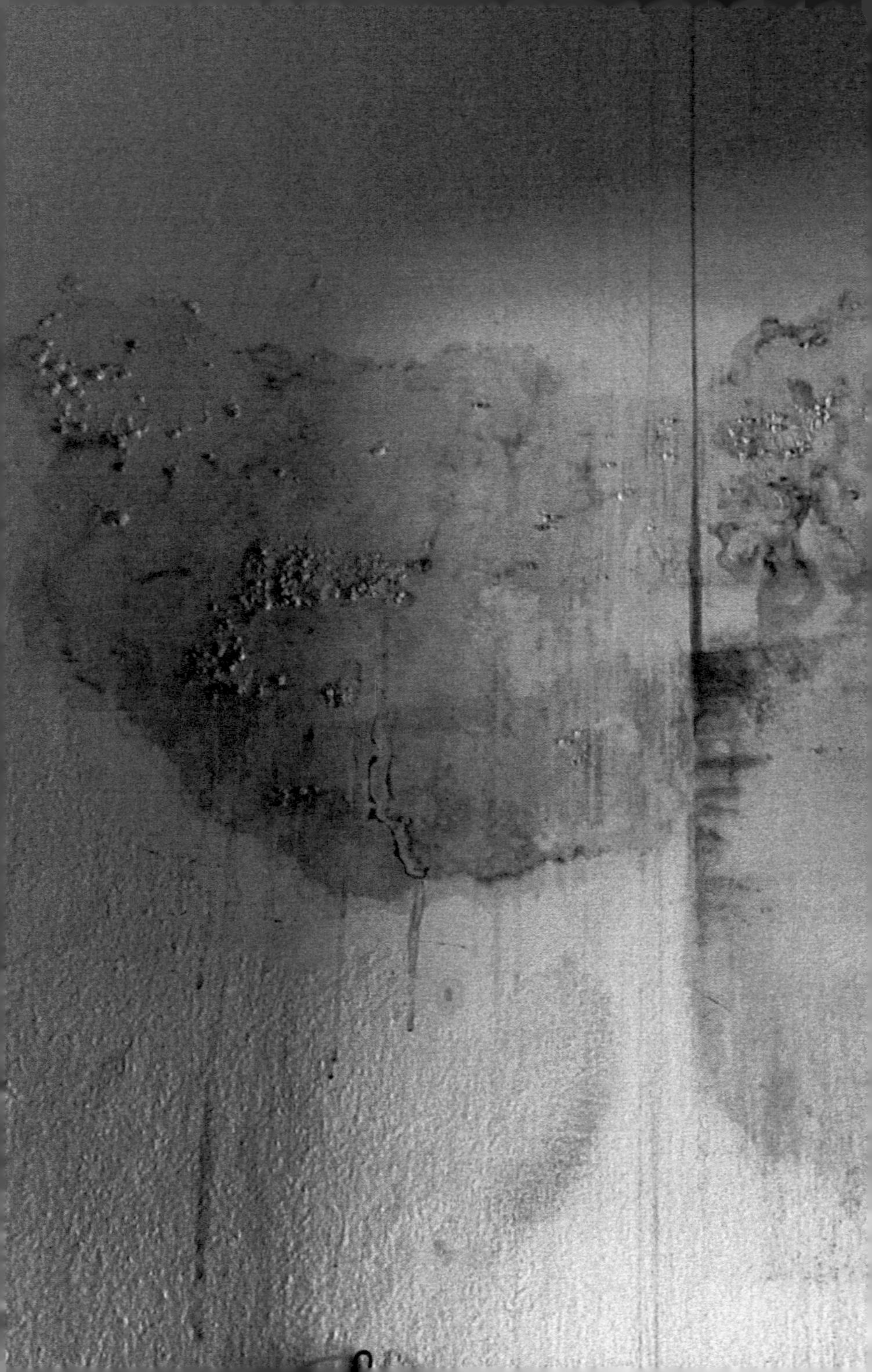

Quarto degrau

Tiro as mãos de dentro do bolso canguru do meu moletom. Elas estão suadas, inchadas até. Deve fazer uns vinte e sete graus na rua. Aqui não tá muito melhor. Normalmente no interior dos prédios a temperatura é mais baixa por causa do piso, das pedras, dos tijolos. Não é o caso. Talvez porque o prédio tenha uns cinquenta anos de idade. A pedra com que foi feito já não refrigera mais. Pode ser essa a razão de tanto calor. E umidade também. Ao liberar as mãos do bolso canguru o peso do revólver se revela, estica o moletom pra baixo, como seu eu fosse um desses caras com barrigas dependuradas sobre a calça. Pelo contrário. Não tenho barriga. Claro, tenho barriga, mas ela é lisinha. Se eu tivesse paciência pra fazer academia, eu ficaria com barriga do tipo tanquinho, cheia de gominhos musculares, igual a dos caras nos filmes ou na tevê. Se alguém olhar logo vai perceber. Fica óbvio que tem algo pesado dentro do meu bolso. Quando vim pra cá tomei o cuidado de não tirar as mãos do bolso. Importante passar despercebido.

Quinto degrau

Esfrego as mãos na minha bermuda jeans. É bom secar a pele, os dedos, deixar as mãos respirarem um pouco, talvez desinchem. Preciso delas secas pra quando for o momento. Nada de ficar com elas escorregadias. Se ouvir alguém subindo ou descendo as escadas coloco elas de volta pra disfarçar. A arma é pesada. Mais pesada do que eu imaginava. E grande também. Pouquinho mais e o cano saía pra fora do bolso canguru. E isso não seria bom. Quando tava me preparando pra sair de casa, me olhei várias vezes no espelho grande do guarda-roupa da minha mãe. Enfiei a escova de cabelo da minha irmãzinha no cós da bermuda. Fiquei de frente e de lado. Depois enfiei a escova no bolso canguru. Não queria o volume suspeito. Experimentei também uma touca, mas desisti porque me dava aparência de assaltante pé-rapado. Fiquei com o boné. Ajustei de forma a ficar bem enterrado na cabeça pra segurar meus cabelos compridos e pra aba esconder meu rosto. Eu mesmo quase não me reconheci no espelho. Se eu visse aquele cara do espelho na rua dificilmente conseguiria descrevê-lo.

Sexto degrau

Baixo o zíper até seu limite, o meio do peito. Não desce mais do que isso. Tá quente, eu sei, mas preciso manter a calma, falta muito ainda, a escalada só começou agora. Na tevê, aquela morena prometeu chuva pra noite. Mentirosa. Aparece vestida pra festa, salto alto, cabelo escorrido, cheia de maquiagem, de sorrisos e de mentiras. Chuva seria perfeito. Tiraria as pessoas da rua e afastaria a criançada dos corredores do velho edifício. Ficariam nos apartamentos fazendo sua gritaria. Quanto menos pessoas pelos corredores melhor. Pensei em vir mais tarde, mas aí eu corria uma série de outros riscos. Ele podia tá dormindo e não me atender, a porta do prédio podia tá trancada e por aí vai. Melhor assim, nem muito cedo, nem muito tarde. E quanto mais tarde, mais os barulhos, por menores que sejam, se tornam fortes e passam a chamar a atenção. Bom, na verdade é bobagem pensar em barulho. Não conheço tiro silencioso. Havia outro risco, o pior deles. Eu perder a coragem. Então é melhor assim, melhor não pensar demais. Pensar demais é um veneno.

Sétimo degrau

Paro. Meu telefone celular tá tremelicando no interior do bolso da minha bermuda. Apanho o aparelho e vejo a foto de Martina iluminada. Só podia ser ela.
Ela sorri e faz o V. V da vitória ou V de paz e amor? Nunca sei. O zumbido é baixinho, faz cócegas na palma da minha mão. O que será que ela quer? Pô, e logo agora. Namorada às vezes é um saco. Parece escolher sempre os piores momentos possíveis pra ligar. Decido não atender. Guardo no bolso e o celular segue na sua reclamação. Vrrrr. Vrrr. Vrrr. Ela sabe que sempre atendo, no máximo, no terceiro toque. Martina fica insistindo até cair na caixa de mensagens. Se conheço ela bem, não vai deixar recado. Vai ligar de novo. Daqui a pouco. Talvez queira só bater papo ou um beijinho de boa-noite. Por algum motivo impossível de explicar, suspeito que não seja tão simples. Martina quase sempre surpreende.
Mas eu não posso me distrair, tenho minha missão a cumprir. Minha jornada tá só começando. A hora é de seguir em frente. Pro alto, pro apartamento dele.

Oitavo degrau

Assopro pra dentro do moletom. Não imaginei como poderia esquentar tanto aqui dentro do prédio. Logo mais o desodorante vai vencer. Em casa até achei meio friozinho. Agora entendo. Não era frio. Era medo. Não vou negar. Claro, dá medo. Minha irmãzinha falou não sei o quê comigo e nem ouvi direito. Ia passar a noite na casa da coleguinha e eu só pensava em como meu medo me dominava. Sinto frio quando estou assim, fora do meu estado normal. Sou um cara bem da paz. Decisão de campeonato, por exemplo. Antes de começar a partida e nos primeiros minutos de bola rolando, quase me dá tremor de tanto frio. São os nervos, sei disso. Em seguida passa. Depois que saí de casa, comecei a caminhar, me movimentar, o frio foi passando, o coração desacelerou, o sangue seguiu na sua rotina. Podia ter pego um ônibus, mas achei melhor caminhar, ir me concentrando, focando meu alvo. Andei pelas partes mais escuras das ruas. Nada de esbarrar num conhecido, o cara puxar papo. Hoje não é dia de conversa fiada. Hoje é dia de ação.

Nono degrau

A luz do velho prédio se apaga. Tem minuteira. Pra poupar energia elétrica devem ter instalado o equipamento. A escada fica tremendamente escura e opressiva. Até a temperatura aumenta. É assim o jeito como eu sinto. Procuro manter a calma. É só uma escada suja com cheiro de xixi. É só escuro. São só degraus e eles não vão sumir. O que pode me acontecer? Nada, eu sei. Lembro de quando eu curtia apavorar minha irmãzinha. Quando anoitece, eu dizia, todos os bichos saem de suas tocas e vêm pegar as pessoas. Na mesma hora ela levantava os pezinhos do chão e começava a vigiar debaixo do sofá, da cama, da mesa. Eu contava que escorpiões do tamanho de cachorros vinham picar as pessoas. Também falava de aranhas cabeludas, grandes como ventiladores de teto, capazes de aparecer quando a gente apagava a luz. Ela acreditava naquilo tudo. Minha mãe ficava furiosa. Na época em que minha mãe ainda se importava com a gente. Agora tô aqui, na maior escuridão do mundo. Não há muito a temer. Se tais bichos existem mesmo, pelo menos tenho uma arma pra me ajudar.

Décimo degrau

Será um apagão? Isso é péssimo. Péssimo não. É o fim. Quer dizer, eu até consigo chegar lá em cima, são só degraus, todos na sequência, não há maiores problemas, mas o pior será não ter a visão mais clara do safado. Sem luz, pode ser difícil enxergar o cara, mesmo a curta distância. Tem a possibilidade de ele estar com velas acessas dentro do apartamento dele. Isso seria muito bom. Mas não se pode contar com a sorte em situação igual a essa. É preciso confiar no plano, na audácia e na coragem. Nada disso pode me faltar. Bom, se for mesmo um apagão, eu posso iluminar o rosto dele com meu celular pra ter certeza de que estou atirando no cara certo. Ele vai enxergar a luz branca e depois, pum, nunca mais vai ver coisa alguma. Pelo menos não neste mundo. Mas usar meu celular como lanterna vai manter minhas duas mãos ocupadas. Prefiro segurar a arma com as duas mãos pra aumentar minha precisão. De certa forma, o apagão pode me servir na hora de sair do edifício. Como um cobertor de escuridão.

Décimo primeiro degrau

Essa é a parte mais fajuta do meu plano: a fuga. Sim, porque não vou atirar no cara e ficar lá esperando pra ver os próximos capítulos. Também não ficarei parado aguardando dar as devidas explicações. Nada disso. Vou atirar no safado e me mandar. O que é bastante tosco. Pelo que eu sei, a fuga é a maior preocupação de quem vai cometer um crime. O cara precisa saber como vai se mandar dali. De carro, de moto, de bicicleta, a pé, tanto faz, o importante é saber como fugir sem ser pego. Claro, não quero ser pego, mas tudo aconteceu muito de repente na minha cabeça, rápido mesmo, não deu pra planejar demais. Se eu parasse pra pensar, estudar alternativas, escolher o melhor momento, o melhor local, a rota de fuga ideal, e todas essas coisas, eu acabaria desistindo. Teria um crime bem planejado, uma fuga perfeita, mas nenhuma ação. Só planos. Preferi confiar no meu instinto, na força da minha raiva, da minha indignação. Vai ser aqui mesmo. Vai ser hoje. Logo mais. Estou confiante que vou conseguir escapar.

Décimo segundo degrau

Luz de novo. Fere meus olhos. Alguém apertou o botão em algum ponto do prédio. Ótimo. Deve ter sido um dos moleques no saguão. A luz repentina me faz perceber só agora a cor das paredes. É cinza ou foram brancas algum dia? Talvez seja branco encardido, branco sujo. Riscos mostram por onde coisas foram arrastadas pra cima e pra baixo, por onde mãos e dedos melecados de crianças passearam. Quando foi a última vez que estas paredes receberam tinta? Há cinquenta anos? Os degraus são de pedra. Não sei de qual tipo. O legal do velho prédio é que a escada vai se enrolando em volta do fosso do elevador estragado. Feito cobra. Faz caracol. Ou melhor, a escada em redemoinho é o intestino dentro do organismo de mais de cinquenta anos de idade. Todo mundo tem intestino. É enorme, mas fica enroladinho, escondido. Intestino. É o lugar por onde passam todas as porcarias do ser vivo. Não posso falar por todos moradores daqui, mas ele, o cara do apartamento sessenta e seis, com certeza é um belo pedaço de porcaria e merece que alguém dê descarga nele.

Décimo terceiro degrau

O mundo certamente não será um lugar mais feliz pra se viver depois que eu acabar com a raça dele, mas posso garantir: ao menos vai ser um lugar mais seguro. Felicidade? Neste mundo? É bobagem. Não acredito nisso. É só abrir as páginas de qualquer jornal. Meu pai adora ler jornal. Por isso tem aquela cara. Pra falar a verdade não conheço essa tal de felicidade. Na minha opinião, é só uma palavra, comprida, bacana, musical. Dizem que a felicidade tá nas pequenas coisas. Ouço dizer que felicidade só é possível com muito dinheiro. Outros falam que felicidade não se compra, se conquista. Não sei. O que sempre me anima? Um bife acebolado com arroz branco novinho. Minha namorada sabe fazer super bem. Mas é felicidade? Não, é claro. Se eu estiver sem fome, por exemplo, meu prato favorito nem vai me animar muito. Dar descarga nesse sujeito também não vai me deixar feliz. Vai me deixar em paz. Com toda a certeza. Bom, se ficar em paz é uma forma de felicidade, então serei feliz em poucos minutos.

Décimo quarto degrau

Meu pai certamente concorda comigo. Felicidade é coisa de propaganda de tevê. Nunca falamos sobre isso. Nem precisa. Tá escrito nas olheiras dele, no seu silêncio. Não deve ser fácil levar um pontapé como ele levou. Acho que o coitado nunca se recuperou. Não acho. Tenho certeza: nunca se recuperou. É só olhar pra ele. E pelo visto nem vai mais se recuperar. A rotina dele: da casa pro trabalho, depois, do trabalho pra casa. De segunda a sexta-feira. Oito horas por dia na repartição, nem sei direito o que ele faz lá. Sábado, primeiro vai ao supermercado. Depois limpa a casa. De balde, esfregão, desinfetante de pinho, ele se ajoelha no chão, se dedica, deixa tudo impecável, perfumado. No domingo lê jornal o dia inteiro. Lê até os classificados, eu desconfio. Não sai, não tem amigos, fala conosco só o necessário. Raramente assiste tevê. Tem quarenta e poucos anos e aparência de sessenta e tantos. Magro, ombros encurvados, os olhos sempre no chão. A pele cada dia mais sem cor. Chega a ser assustador. Felicidade? Ele riria. Não um riso de verdade. Ele riria de modo doentio, com deboche.

Décimo quinto degrau

Ouço o barulho de porta batendo. Mais outra testemunha? Bom, talvez os moleques nem possam ser considerados testemunhas. Eles nem perceberam a hora em que entrei. Pode ser, mas eu duvido. São tantas pessoas aqui dentro, tanta correria, um entra e sai danado. Quem se lembrar de mim vai me descrever como um homem de estatura mediana vestindo bermuda jeans, moletom escuro, boné escuro. Não muito mais do que isso. Idade? Não vão conseguir dizer com certeza. De quinze a trinta, dirão. Um pesadelo pra polícia. Isso se a polícia se der ao trabalho de investigar o crime. Pra mim a polícia vai apenas fazer de conta que tá atrás do criminoso do moletom escuro. Aqui neste velho prédio ninguém me conhece, não vão poder dizer, Eu vi tudo, sim, seu guarda, foi o Patrício, aquele carinha de dezesseis anos, cabelão comprido, entrou aqui, subiu até o último andar e atirou não sei quantas vezes no vizinho do sessenta e seis, depois saiu correndo escada abaixo. Não vai rolar nada disso. Hoje em dia as pessoas olham só pro seu umbigo. Mas talvez, depois de tudo, seja uma boa ideia cortar o cabelo.

Décimo sexto degrau

Chego no corredor do primeiro piso. Uma senhora negra me olha e sorri. Deve ter sido ela quem bateu a porta. Usa óculos de grau. São grandões, aumentam ainda mais a cara redonda. Veste casaquinho fino sobre os ombros rechonchudos. Ai, como é que vai, meu filho?, ela pergunta e me detém com a mão gorducha no meu peito. Tudo bem, eu digo bem impressionado com a atitude dela. Que negócio é esse?, penso. Não consigo evitar um tremor gelado no meu estômago. Ai, meu filho, de vez em quando eu tenho te escutado, sorri. Ãh-rã, resmungo já olhando pros lados, o revólver pesado no bolso canguru. Gosto muito de guitarra, viu?, ela não desmancha o sorriso bondoso. Ãh-rã. Eu já não escuto muito bem, meu filho, mas, ai, eu gosto muito da música de vocês, tão pra cima. Ãh-rã. Ela me confundiu com algum roqueiro do prédio. Ai, e faz favor, tu e os teus colegas não se incomodem com as reclamações dos vizinhos, viu? Música tem que tocar bem alto mesmo, e ri. A risada é rouca, logo se transforma em tosse.

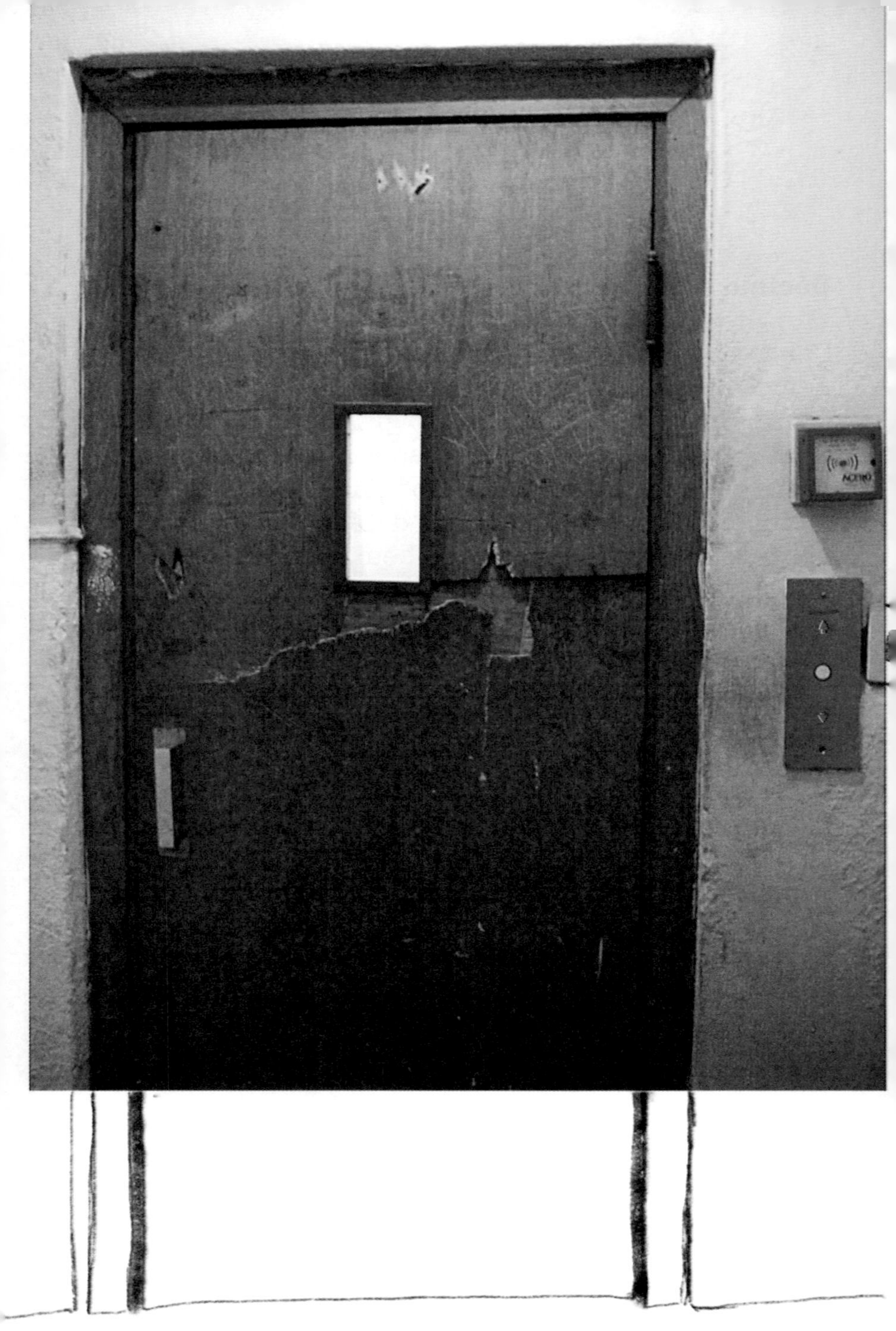

Décimo sétimo degrau

Percebo como estou enganado. A escada não sobe em uma espiral envolvendo o poço do elevador. Não. O elevador fica ao lado da escada. Os degraus sobem em caracol se enrodilhando sobre si mesmo. Nunca fui bom em Geografia, ou arquitetura. Pra mim é até melhor a escada seguir dessa maneira, assim não preciso caminhar pelos corredores de cada piso. Sempre pode haver uma velhota pra puxar conversa ou alguém pra desconfiar de mim ou mesmo lembrar de mim. Nisso também não pensei. Na possibilidade de um morador me parar e perguntar o que quero, o que estou procurando, se estou ali vendendo alguma coisa. Não posso dizer simplesmente Olha vou matar o safado do sessenta e seis esta noite, por favor dá licença. Posso dizer: Tô indo no sessenta e seis. Aí depois o morador vai escutar o barulhão dos tiros vindo do sessenta e seis e, pronto, o enxerido vai ligar A com B. Talvez chame a polícia e até tente interromper minha fuga. E aí? Faço o quê? Atiro nele também? O ideal seria improvisar. Quem sabe inventar uma história? Sei lá. Insisto, meu plano não é perfeito.

Décimo oitavo degrau

O celular começa seu chilique dentro do bolso da bermuda. Não preciso conferir. É Martina de novo. Claro, eu sabia. Ela é do tipo insistente. Não vai me deixar em paz até conseguir falar comigo. Uma vez brinquei, disse Tu é insistente, por isso repetiu a oitava. Tive de me desculpar. E agora? Atender ou não atender? O melhor seria não atender, não perder tempo, não sair do meu rumo, da minha missão. Mas se eu não atender, ela vai continuar ligando, ligando, ligando, e, em seguida, vai ficar preocupada, vai me procurar na minha casa, vai falar com meu pai, vai deixar todo mundo preocupado. Na noite de hoje só preciso de um pouco de invisibilidade. Caso eu atenda, como devo falar? Em tom normal? Aí posso acabar alertando os moradores do prédio. Se eu cochichar, ela vai achar estranhíssimo e aí mesmo é que vai me encher de perguntas. Ainda por cima ela é do tipo ciumenta. Martina procura disfarçar, mas ela não é boa nisso. Já vi ela ir pra cima de uma outra menina na balada. Se eu não puxo, rolava até uns sopapos.

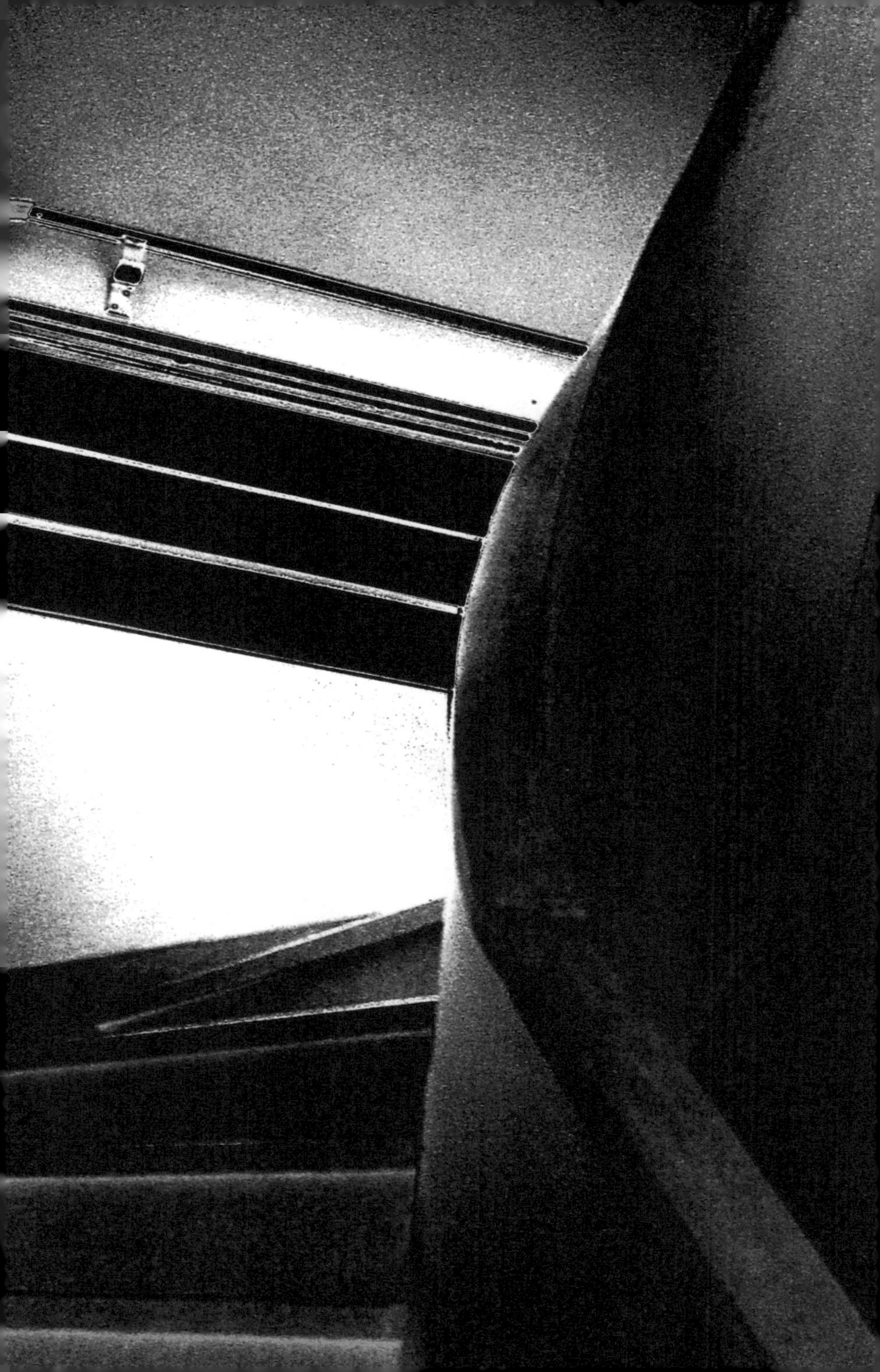

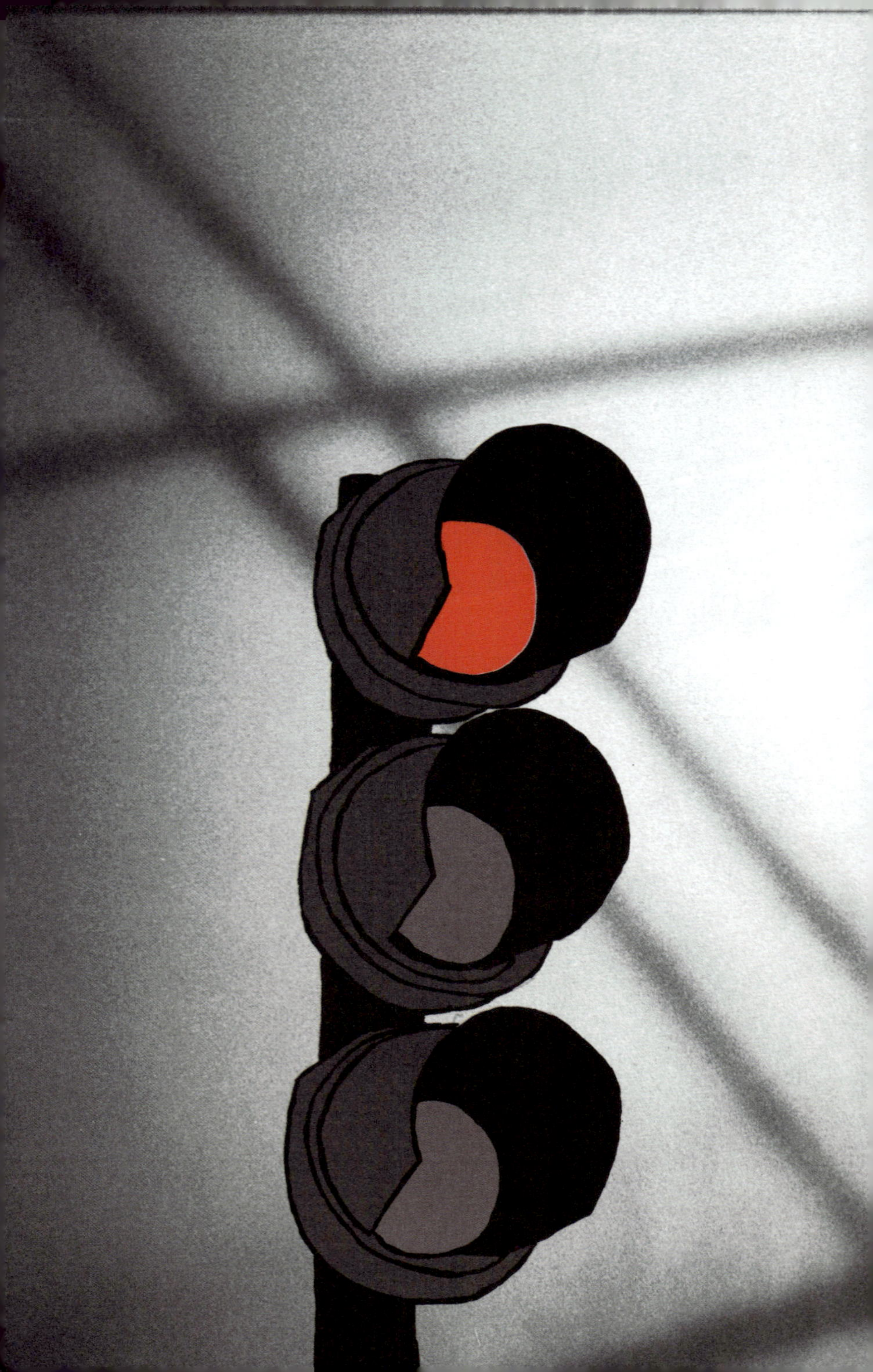

Décimo nono degrau

Paro. Alô, digo em tom tranquilo. Danem-se os moradores desse prédio caindo aos pedaços. Nada mais normal, apenas uma pessoa falando no celular. Oi, amor, ela fala meio melosa. É seu jeito de começar o bate-papo por telefone. Tudo bem?, pergunto. Ai, amor, que frieza, ela já começa a reclamar. Martina é como um sinal de trânsito, tem três luzes indicativas. Verde é beleza, tudo sereno. Amarelo, ela tá desconfiada, insegura, quer milhões de explicações e não vai deixar por menos. Vermelho: melhor sair correndo. No momento ela já tá claramente em alerta, sinal amarelo. Desculpa, gata. Te liguei antes, tu não atendeu, a voz ainda melosa, o que é bom, significa ainda haver possibilidade de reverter o quadro. Ligou? Liguei tem uns minutinhos e tu não atendeu. Manter a calma, ser paciente. Aqui não tocou, gata, sei lá, bateria tá no fim, mas e aí, gata, tudo bem? Onde é que tu anda?, ela quer saber. O tom beira a exigência. Não havia jeito de fugir dessa pergunta. Devia ter desligado o celular quando pude. Já te ligo, gata, meu ônibus chegou, beijo, tchau.

Vigésimo degrau

Nada se altera no intestino do monstro decadente coberto de fuligem por fora e mau cheiro por dentro. Nessas horas o melhor é agir normalmente. Cochichar ia deixar Martina enlouquecida e faria qualquer um que me visse desconfiar na mesma hora. Se não desconfiasse, pelo menos lembraria de um cabeludo de bonezinho, muito suspeito, falando baixo no celular. Falar de maneira bem normal elimina tudo isso. Agora, preciso pensar na desculpa perfeita pra dar. O melhor é dizer Olha, gata, tô indo na tua casa. É a forma de levá-la ao estágio verde de humor. Outro dia minha irmãzinha perguntou por que não procuro outra namorada se Martina às vezes é tão rabugenta. Não te mete, pirralha, respondi mal-humorado. Na verdade ela mereceu ouvir aquilo. Ela devia cuidar dos seus bichinhos de pelúcia ao invés de tentar se meter na minha vida. Mas no fundo a pergunta era boa. Por quê? Bom, gosto de Martina. Ela é o tipo de pessoa com quem se pode contar. E aconteça o que acontecer, hoje é o dia perfeito pra Martina me ajudar. Afinal de contas ela não vive dizendo isso?

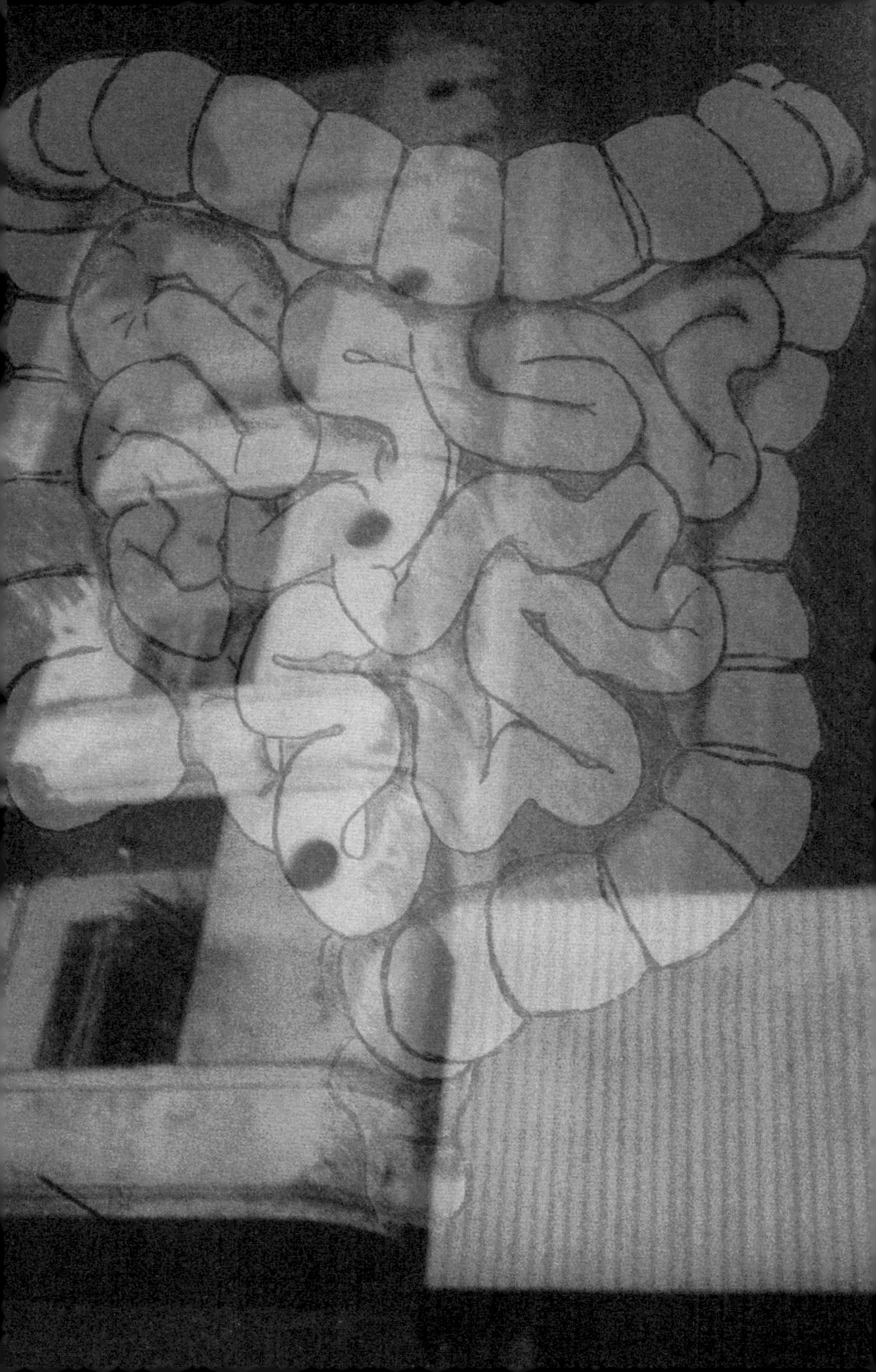

Vigésimo primeiro degrau

Limpo o suor da testa com a mão. Já consigo até sentir o mau cheiro por baixo das minhas roupas. Não inventaram desodorante capaz de resistir a este calor. Talvez seja melhor tirar o moletom e esconder o revólver no meio dele. Um cara de moletom num calor desses pode chamar a atenção, pode fazer com que alguém chegue e comece a puxar conversa, tipo Ei, cara, tá doente? Tá tentando botar o sarampo pra fora? Como a velha gorducha. Ela me confundiu com algum carinha aqui do prédio e ficou de papo. Detesto puxadores de conversa. No ônibus, na calçada, na rua, na farmácia. Queria entender por qual motivo fazem isso. Não devem conseguir ficar em paz com seus próprios pensamentos. Então, ao invés de conversar consigo mesmo, falam com os outros, não importa quem seja. Falam sobre qualquer coisa, contam sobre suas vidas, perguntam, se metem, haja saco. Nem se dão conta de como são chatos. Detesto, não tenho a menor vontade de ouvir. Especialmente hoje. Nada pior do que uma pessoa puxando papo furado nos momentos que antecedem meu crime.

Vigésimo segundo degrau

Crime é um modo de descrever. Justiça é outro. Depois que eu assassinar o cara do apartamento sessenta e seis muitos vão entender meu ato e não vão encarar o acontecido como crime. Não tenho dúvida. Talvez até me aplaudam. Claro, espero não ser pego e acabar nas páginas policiais dos jornais. Todos vão ver meu nome lá. Qual será a manchete? Patrício assassino. Não. Adolescente comete crime. Não. Jovem mata por vingança. Pode ser. Haverá foto minha? Vou esconder meu rosto com a camiseta, com o moletom, enquanto caminho algemado pra dentro da prisão? Ou vão botar aquelas distorções gráficas sobre meu rosto? Afinal sou menor de idade. E essa é a desculpa que os caras da minha idade vivem aplicando quando fazem besteira e são apanhados. Não, não vai ter foto minha. Quem sou eu pra aparecer no jornal? Se eu for pego, os ombros do meu pai ficarão ainda mais encurvados. Talvez eu vire herói pra minha irmãzinha. Minha mãe? Bom, ela vai sentir tanta vergonha que aí mesmo não vai mais aparecer. Paciência. Todo mundo tem direito a suas escolhas. Eu já escolhi. Escolhi subir até o apartamento sessenta e seis.

Vigésimo terceiro degrau

Quando saí de casa disse Pai, vou dar uma volta. Ele me olhou e fez sinal com a cabeça. O gesto queria dizer que tinha ouvido, entendido, permitido. Esqueci de avisar sobre minha irmãzinha. Nem lembro o nome da amiguinha dela. Bom, azar. Ele tava escolhendo feijão na mesa da cozinha, tirando pedrinhas e grãos estragados. Depois ia lavar e colocar tudo de molho num pote antigo de sorvete. Amanhã ele vai acordar mais cedo, vai descascar e picar uma cebola média e vai despejar tudo na panela de pressão com pitadas de sal. Em seguida vai colocar no fogo por uns vinte minutos. Aí vai desligar o fogo e sairá pra trabalhar. Voltará depois do expediente de oito horas na repartição pública, colocará a panela no fogo de novo e então provará o feijão na colher de pau. Ele não deixa faltar feijão nem arroz em casa. Gosta de cozinhar guisado também. Com batatas picadas em cubos. Tenho pena e raiva dele. Pena por se esforçar tanto. Raiva por não ser ele quem tá carregando este revólver no interior quente e úmido deste intestino.

Vigésimo quarto degrau

A subida é lenta, eu sei. Não posso ter pressa. Preciso ter paciência, ser constante. Um degrau de cada vez. Não adiantaria nada eu subir correndo. Chegaria lá em cima bufando, ainda mais suado, e bastante cansado. Péssima ideia chegar cansado na porta do apartamento sessenta e seis. Meus músculos e minha mente precisam estar bem, em harmonia como se diz. Não posso vacilar. Nada de dar chance ao azar. Nem pensar em errar o alvo só porque o dedo, a mão, o braço não estão respondendo direito aos meus comandos porque subi muito rápido. Calma, um passo por vez. Sem ser molenga. Sem ser afobado. Precisa ser caminhada tranquila e pacífica até o alvo. De preferência silenciosa, sem contato com ninguém. A subida parece interminável, mas tudo tem fim. A descida sim vai ser diferente. Essa pode ser rápida. Nada de correr escada abaixo. Faria muito barulho e eu acabaria cansando e perdendo o fôlego. Imagina precisar parar pra respirar depois de atirar num cara. Quando eu chegar na rua de novo, o melhor será jogar fora o moletom e o boné. Menos o revólver. Esse eu preciso devolver.

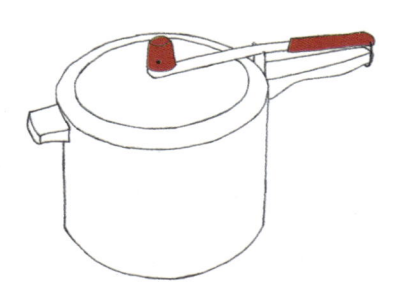

Vigésimo quinto degrau

Quando encontrei Murtinho naquele snooker hoje no começo da tarde ele me olhou estranho, meio desconfiado, foi logo perguntando o que um sumido como eu tava fazendo ali. Preciso da tua ajuda, favorzão mesmo, falei logo de cara. Em certas horas o melhor é ir direto ao ponto. Nada de E aí, cara, há quanto tempo? Nada de abraços e papo furado. Preciso da tua ajuda, favorzão mesmo, foi o que eu falei. Ele esticou a mão, nos cumprimentamos. Murtinho soltou uma de suas famosas risadinhas. Desembucha, Patrício. Ele seguiu a minha linha, também foi direto ao ponto. Olhei pros lados, pros outros caras zanzando por ali como moscas de barriga cheia. Murtinho entendeu minha preocupação, me fez sinal e fomos até o fundo do boteco, perto do banheiro. Ignorei o cheiro do lugar. Ele disse estranhar minha presença naquele lugar, Tu sempre foi do tipo direito, acrescentou. Preciso de uma arma, de novo fui direto. Mais outra risadinha. É sério, reforcei. Pra quê? Preciso de uma arma e sei que tu pode me arrumar. Mas pra quê?, ele insistiu. Vou matar um cara hoje, expliquei.

Vigésimo sexto degrau

A risada do Murtinho se parece com vidro sendo moído. Quando a gente era amigo não lembro dele fazer esse som. Deve ter adquirido a risadinha depois que largou o colégio e passou a trabalhar com uma turma da pesada. As professoras falavam as piores coisas da nova turma do Murtinho, pediam Pelo amor de Deus não cheguem nem perto daquela gente. Como é que é?, ele parecia realmente espantado comigo. É isso aí, confirmei. Ficou me encarando por quatro ou cinco segundos esperando eu dizer Tá, tudo bem, é só uma pegadinha. Encarei ele, firme, sem fazer o menor movimento. Ele entendeu, não riu mais, nem me olhou com deboche. Alguém que eu conheço?, perguntou. Sacudi a cabeça. Não queria dar muitos detalhes. Ele não era meu pai. Tinha sido meu amigo, colega de aula, fez dupla de ataque comigo no campinho do bairro. Tinha sido. Não era mais. Agora era só um conhecido. Alguém capaz de me conseguir uma arma fácil, fácil. Murtinho podia ter a ferramenta ali mesmo com ele. É emprestado, adverti. Faço o serviço e te entrego. Mas tem que ser hoje, completei.

Vigésimo sétimo degrau

Meu telefone celular começa a tremer de novo. Paro. Martina. Droga, esqueci de retornar a ligação dela. Oi, gata, falo tentando ser doce. Ai, amor... Desculpa, não era meu ônibus e aí uma velhinha gorducha veio me perguntar uns troços, agora que consegui me livrar dela. Ah, tá... Desconfiada, já penetrando na zona do amarelo, consigo ver a ruga vertical na testa dela. Gata, é o seguinte: tô indo pra tua casa, pode ser? Ai, amor, nem precisa perguntar, claro que pode, mas onde é que tu anda? Na rua, respondo e me arrependo na mesma hora. Minha vontade é dizer Não me enche o saco pelo amor de Deus, não é da tua conta, tô tentando me concentrar, mas consigo consertar minha resposta infeliz com um Tava procurando presentinho pra ti, gata. Ela solta uma espécie de miado, forte indicativo de que retornou à zona verde de humor. Mas por quê?, ela quer saber. Por nada, garanto, me deu vontade de te comprar um presentinho, só isso, ou será que não posso? Ai, Patrício, claro, pode sim, mas diz aí, o que é? Ah, surpresa, gata.

Vigésimo oitavo degrau

Martina, minha namorada. Nós nos conhecemos há uns seis meses mais ou menos. Na lan house do bairro. Sentamos lado a lado com aquela divisória de madeira entre a gente. Achei ela meio redondinha, dava pra ver os pneuzinhos na cintura, mas resolvi inventar uma besteira qualquer pra dizer. Sou dessa opinião: melhor dizer qualquer besteira do que ficar quieto. Comigo quase sempre dá certo. Aí falei: Posso te adicionar? Ela tem os cabelos castanhos, na altura dos ombros, olhos verdes, corpão, lábios fininhos, duas pintinhas pretas no pescoço, brinco sempre que um vampiro mordeu ela. E Martina adora essas idiotices de vampiro. Tá acima do peso e usa leggings sem se importar. Fica meio esquisito mas eu também não me importo. Ela gosta de usar baby look bem curtinha. Os pais dela gostam de mim. Não chegam a me amar de paixão, nem deixam eu dormir na casa dela, mas me tratam bem, janto com eles de vez em quando. Ela fez cara de espanto: Me adicionar? Confirmei com um sorriso bem largo e chamei ela de gata. Começamos a conversar e nunca mais parei de chamar ela de gata.

Vigésimo nono degrau

Sinto uma gota de suor penetrar entre minha orelha e o aparelho celular. Paro de novo porque o som ameaça escapar. Ai, amor, vai me deixar morrendo de curiosidade, Martina reclama. A ligação tá ruim, gata, tá cortando. Ai, amor, diz o que é. Empurro uma risada pela garganta. É bobagem, nada demais. Tudo bem, mas tu demora muito ainda, amor? Não, chego daqui a pouco. Mas tu tá onde, amor? Quando quer, Martina sabe ser chata. Não sei se é só chatice ou desconfiança. Se eu disser onde eu tô, perde a graça, gata. Ai, amor, foi no shopping? Tá bom, tá bom, resolvo dar a ela algo que quer ouvir. Talvez se acalme. Tô saindo do shopping, sim, gata, mas não me pergunta mais nada, tá? Tudo bem, amor, prometo não perguntar mais nada, é que tu sabe como eu sou curiosa. Se eu falar mais vou acabar estragando a surpresa, reforço meu pedido. Tá bom, Patrício, já prometi, calma. Opa, olha o ledizinho saindo do verde e entrando no amarelo de novo. Agora é o meu ônibus, gata, beijo, tchau.

Trigésimo degrau

Saquei que o Murtinho ia se desviar do caminho que nós seguíamos quando ele discutiu com um zagueiro do último ano do médio. O cara era alto e forte, não vacilava pra atacantes mirrados e velozes como nós. A bola até podia passar por ele, mas nós não, o tipo de cara que agarrava ou dava pontapés, ou os dois. Ele também gostava de ficar no nosso ouvido: Se chegar perto da área te quebro a perna. Coisas do futebol. Depois de uma partida no campinho do bairro, nós dois descansando debaixo do cinamomo, Murtinho baixou a meia e examinou os arranhões em sua canela. Xingou o cara e achei engraçado. Não esquenta com isso, falei. Ele levantou e começou a olhar em volta. Procurando o quê, cara?, perguntei. Murtinho não respondeu, atravessou a rua, foi até a obra ali perto, pegou um pedaço de pau desse tamanho e voltou pra dentro do campinho. Congelei sem entender nada. Ele chegou perto do zagueiro, ergueu o porrete e tum! O cara conseguiu se proteger com o braço e pléc!, deu pra ouvir o osso partindo.

Trigésimo primeiro degrau

Tá com pressa pra matar?, Murtinho perguntou no snooker. É isso aí, cara, tem que ser hoje, afirmei. Agora de tarde?, ele quis saber. Não, hoje de noite. Pergunto porque preciso de um tempinho pra te conseguir a arma. Tudo bem, cara, mas tem que ser hoje, entendeu? Ele pediu pra eu não me preocupar, atenderia meu pedido em nome dos velhos tempos. Qual o calibre? A pergunta dele me pegou. Calibre? Eu não entendia muito do assunto. Sei lá, respondi, um que mate. Quer uma doze? Uma quarenta e cinco? Murtinho, falei, essa parada é nova pra mim, me arruma qualquer coisa que atire. Ele riu. Quem diria, hem Patrício? Quem diria que um dia a gente fosse se encontrar aqui nesse boteco e tu me pedindo o favor mais esquisito de todos. Pois é, o mundo dá voltas, comentei e, por sorte, ele não sacou meu deboche. Vai ser de longe ou de perto? Foi minha vez de não entender. Ele teve de explicar: Vai fazer o serviço de longe ou de perto? De perto, falei. Então um trinta e oito vai quebrar teu galho.

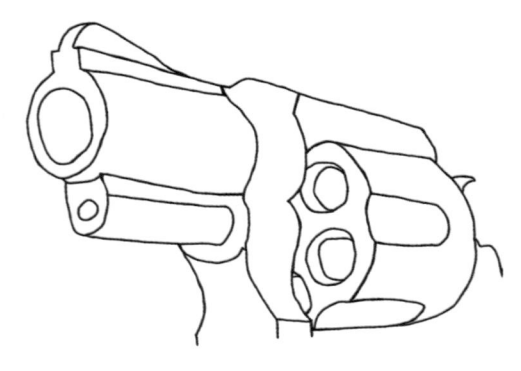

Trigésimo segundo degrau

Segundo piso. Da porta mais próxima vem a briga de um casal. Cala a boca que eu tô falando, voz da mulher. Não me manda calar a boca, cala a boca tu, voz do homem. Paro. Não resisto. Ninguém resiste a briga entre marido e mulher. Se tem gritaria fica ainda mais difícil não prestar atenção. Como acidente de carro. Todo mundo para pra espiar, mesmo que não haja sangue, seja apenas um amassado no para--choque. Existe sempre a expectativa de briga de socos entre os motoristas. Tô cheia desse monte de desculpa, voz da mulher. Eu pelo menos trabalho, não fico em casa o dia inteiro fazendo sabe-se lá o quê, voz do homem. Pelo tom da conversa a briga vai longe. Só espero que ninguém se irrite com a gritaria e tenha a brilhante ideia de chamar a polícia. Se isso acontecer tô perdido. Serei preso de forma quase instantânea. Seria muito azar. Tu é um vagabundo, vive enfiado nos botecos, ela ataca. Eu boto dinheiro nessa casa, exijo respeito, ele rebate. É constrangedor. Os dois gritam, o prédio inteiro escuta. Ninguém parece se importar.

Trigésimo terceiro degrau

Nunca vi meus pais brigarem. Nem mesmo discutirem. Pode ter sido esse o motivo de não estarem mais juntos. Não consigo entender isso. Se tudo vai bem, se tudo é tranquilo, como uma pessoa pode fazer o que ela fez? Tinham a vida mais sossegada, de dar inveja em muita gente. Pelo menos na frente dos filhos. Café da manhã, almoço, janta, domingos e feriados. Tudo normal. Meu pai na repartição pública, minha mãe no setor de recursos humanos de uma empresa de calçados. Recursos humanos. Sempre achei o nome engraçado. Passavam as manhãs e as tardes nos seus trabalhos. Ela voltava ao meio-dia pra cuidar do almoço de minha irmãzinha e do meu. À tarde eu ficava em casa pra cuidar da minha irmãzinha. Os dois voltavam no fim da tarde. Raramente saíam. Ela gostava de olhar novela. Tinham poucos amigos, poucos parentes. Nem eu nem minha irmãzinha dávamos trabalho. Nunca tiveram de sair do trabalho pra encontrar um de nós no hospital ou na delegacia. Tudo ia muito bem, ou parecia ir muito bem, até o dia em que minha mãe fez uma mala pequena.

Trigésimo quarto degrau

Passo a mão pelo pescoço. Meu suor está viscoso. Como mel ou geleia. Não me importo. Em situação diferente eu daria um jeito de me refrescar, se não com banho completo, ao menos com a cabeça debaixo de um bebedouro. Hoje a coisa é diferente. Não preciso estar perfumado nem de banho tomado pra matar um homem. Talvez depois dos tiros. Sim, depois do crime vai ser bom tomar banho. Bem demorado. Na casa da Martina seria ótimo. Não sei se ia pegar muito bem por causa dos pais dela. Não fosse esse calor miserável, eu estaria despreocupado. Mas o que me preocupa mesmo não é a temperatura. Claro, incomoda, mas a minha missão é o principal problema a resolver. A Martina vai ser um problemão. Como vou esconder a arma dela? Do meu pai e da minha irmãzinha seria simples, mas de Martina não. Ela gosta de me pegar, de me abraçar, é muito carinhosa quando tá na zona verde. Ela vai logo perceber a arma. Então, nada de Martina ou banho antes de voltar no snooker e devolver o revólver pro Murtinho.

Trigésimo quinto degrau

Quando voltei no snooker Murtinho me levou pro mesmo canto no fundo do boteco, perto do banheiro. O cheiro parecia pior. Ele tirou algo da cintura. Tava embrulhado em uma toalha de rosto velha. Dentro, o revólver. Tá carregado, Patrício, avisou. A peça negra me causou leve náusea. Tem seis balas aí dentro, ele adiantou. Balas novas, boas. Ãh-rã, e fiz gesto afirmativo com a cabeça. Eu nem sabia desse negócio de diferença na idade das balas. Olhei pro cano da arma e pensei: É por ali que a morte vai chegar até o cara. Que foi, Patrício? Vai amarelar? Soltou sua risadinha de vidro moído. Falei Não, eu vou acertar as contas com o cara hoje mesmo. Ele tá te esperando? A pergunta dele me desconcertou. Como assim? Ele sorriu. Claro que não, respondi cauteloso. Se ele desconfia que tu vai lá, tu pode ter uma surpresa. Não tinha pensado naquilo. Ele nunca vai imaginar, aliás ele nem me conhece, assegurei. Bom, disse ele, pelo visto ele vai te conhecer hoje e será um encontro rápido. É isso aí, falei sem muito ânimo.

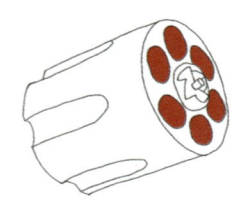

Trigésimo sexto degrau

A barra da minha cueca já está molhada de suor. Na frente e atrás. Posso sentir as gotas descendo pelas costas e pela barriga e se segurando no tecido. Logo a bermuda também vai estar úmida. Toma, pega. Obedeci. O peso do revólver acelerou meu coração. Murtinho perguntou se eu já havia atirado com um daqueles. Não, respondi e tratei de embrulhar o trinta e oito na toalha. Era mais confortável não ver a arma. É como nos filmes, ele me garantiu. Não tem mistério, é só apontar e puxar o gatilho, explicou. E ó, o gatilho tá bem suave, me avisou. Toma cuidado, não vai atirar no próprio pé, esse canhão aqui não tem trava de segurança. Falei pra ele não se preocupar. Sei não, ele desconfiou. Tu não tá me passando muita segurança, Patrício. Não esquenta, pedi, deixa comigo. Tu nunca foi disso, Patrício, nem em briga de colégio tu entrava, e riu com certo desprezo. É porque nunca tive motivo, justifiquei. E agora tem um bom motivo, é isso? A pergunta dele era ridícula, mesmo assim respondi: Agora tenho um baita motivo.

Trigésimo sétimo degrau

Respiro fundo. É cedo pra cansar, eu sei. Ainda há um longo caminho até o apartamento sessenta e seis. Uma vertigem? É preciso não pensar em cansaço, em fôlego, em calor. Algo muito mais importante me move. É com isso que preciso contar. Sabe onde atirar?, Murtinho quis saber hoje à tardinha. Ué, no cara, falei já meio irritado. É sempre irritante não ter todas as respostas. Não foi isso que eu te perguntei, Patrício. Ah, me dei conta. Tu diz onde? Em qual parte do corpo? Ele balançou a cabeça demonstrando certa impaciência. Disse que ia atirar no cara e continuaria atirando até ele cair. Ele falou: Tudo bem, mas não faz a besteira de tentar acertar a cabeça. É menor, mais difícil de acertar. Atira no peito. Não tem erro, aconselhou. Se tu acertar bem no meio do peito, o cara morre na hora. Concordei. E não chega muito perto, ele ainda recomendou. O cara pode ser rápido, pode te tomar a arma ou então tu pode acabar disparando na mão dele, e a bala acaba desviando. Pode deixar, e reforcei: ele vai morrer.

Trigésimo oitavo degrau

Uma porta bate com força. O estrondo é como onda percorrendo o intestino do velho prédio. O eco é desagradável, me mói por dentro. Levo a mão ao estômago. Na mesma hora lembro do bauru. Quando caiu a noite decidi comer. Parei num trailer ali perto. Pedi com tudo, maionese, alface, tomate, ovo frito e bastante milho. Gosto de milho, mandei atolar de milho. Tomei uma garrafa de seiscentos de Sukita com montes de gelo. Comi meio rápido. Agora tá me pesando. Havia pouco movimento. Dois coroas bebendo cerveja, e um grupinho de gurias. Deviam estar matando aula. Um dos coroas me encarou com desprezo como se eu tivesse doença contagiosa. Tive vontade de ir lá, sacar o revólver, encostar na bochecha dele e perguntar se havia algum problema. Encarei de volta e acho que ele sentiu minha raiva. Ficou na dele, não olhou mais pro meu lado. É tudo questão de postura. Autoconfiança. Determinação. É metade do caminho. Tem gente que gosta de bancar o poderoso, mas na verdade é só encenação. Quando um revólver entra em cena, a coisa toda muda de figura.

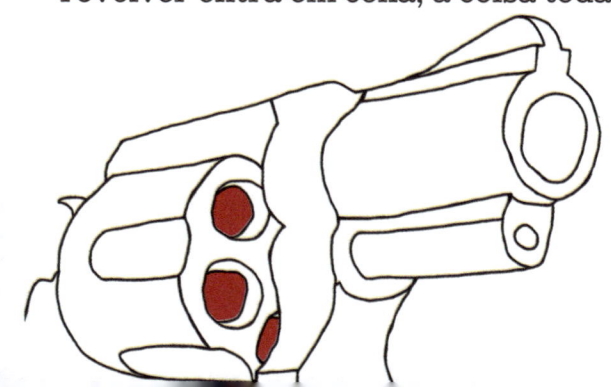

Trigésimo nono degrau

De certa forma até gostei da preocupação de Murtinho comigo enquanto a gente conversava. Todo aquele papo de como atirar e tal. Coisa de amigo, por mais estranho que possa parecer. Quer dizer, amigo de verdade tentaria me impedir. Mas, lógico, a preocupação dele não era comigo e sim com o revólver. Essa belezinha aqui vai e volta, ele esclareceu. Claro, falei, pô hoje mesmo te devolvo, pode confiar. Eu pedi emprestado prum considerado meu, ele prosseguiu. Não posso chegar pro dono e dizer que a arma dele não voltou, que foi perdida ou que tu acabou fazendo tudo errado. Não esquenta, insisti. Vai ser moleza. Vê lá, Patrício, muita confiança pode estragar tudo. Pode deixar, pode deixar, não vou vacilar contigo, Murtinho. Ele me olhou muito sério. Faço o serviço e volto aqui pra te entregar o revólver, não te preocupa. Ele deu sua risadinha, disse Tudo bem, vou confiar em ti. Ó, acrescentou, eu teria de te cobrar uma pequena taxa pelo aluguel do canhão, mas em nome dos velhos tempos vou deixar assim, vou te fazer essa gentileza. Agradeci. E fui sincero.

Quadragésimo degrau

O celular volta a tremer. Paro. A luz interna do prédio apaga de novo. Olho o visor luminoso e reconheço o número. Será possível? Esse, por certo, é meu maior erro nesta noite. Tem horas em que o telefone precisa mesmo ser desligado ou esquecido em casa. Alô, digo em voz baixa, com leve mau humor. Oiê, Claudinha sempre alegre. Oi, sou seco. Pode falar? Posso. A fera não tá por perto? Não. Ela chama Martina de fera. Isso porque uma vez, numa festa, Martina foi pra cima de Claudinha, ia bater mesmo se eu não tivesse me metido e separado as duas. Claudinha tava de conversa comigo. Ah, que bom, então tu pode falar comigo, ela parece satisfeita. Na verdade não dá, Claudinha, outra hora eu te ligo, tá? Ô, Patrício, choraminga. Me dispensando assim? Não é isso, Claudinha, olha só, eu tô no meio dum negócio aqui e não tô podendo falar. Tá fazendo o quê?, ela pergunta e me dá vontade de desligar na cara dela. Resolvendo um assunto, te ligo depois, tá? Ô, Patrício... Depois, tá? Tchau. Aperto a tecla.

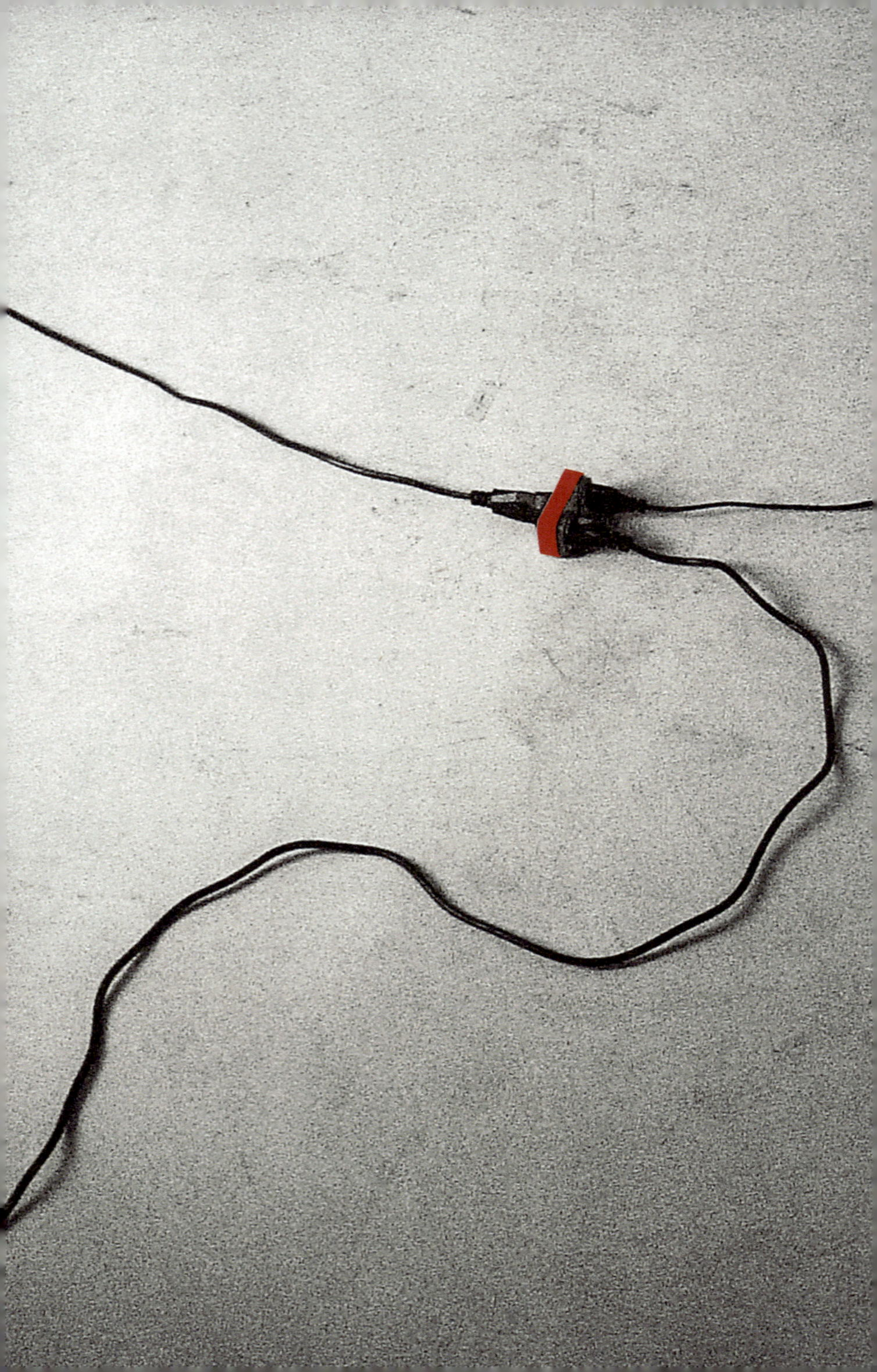

Quadragésimo primeiro degrau

Claudinha. Ela é loira, magrinha, olhos castanhos, bocão, faz todos os caras babarem. Não vou dizer que sou diferente. Sempre babei também. É impossível deixar de olhar pra ela. Claudinha nunca tinha me enxergado até eu começar a namorar a Martina. Foi assim, puf. De uma hora pra outra eu passei a existir. A coisa mais estranha. Na tal festa, a Claudinha me deu mole, na maior cara de pau. Pô quem não ia gostar? Claro que gostei. Por sorte fiquei na minha, só curtindo ela falar uns lances, sugerir a gente se encontrar outra hora. Se eu tivesse me empolgado um pouco mais ia rolar o maior barraco. Martina ia partir pra cima dela, depois iria atrás de mim. Com certeza. Tem horas que eu acho a Claudinha bem malandra. Deve ficar me ligando só pra sacanear. Tenho sempre de lembrar de apagar o número dela das Chamadas Recebidas. Martina não é boba, de vez em quando pega meu telefone, Ai, amor, vou trocar minha foto, mas sei: ela quer dar uma geral, controlar quem anda me ligando e pra onde eu ligo.

Quadragésimo segundo degrau

Não sou do tipo galinha. Quer dizer, não muito. Tem caras no colégio que ficam com várias numa mesma festa. Tem gurias que fazem o mesmo. Tanto eles como elas adoram ficar repetindo isso. Antes de começar a namorar a Martina eu tive meus momentos. Se houvesse um campeonato dos maiores galinhas eu ficaria na faixa do meio da tabela de classificação, lutando pra me manter na primeira divisão. Não que eu seja tímido. Talvez o lance entre os meus pais. Não sei. Pode ser. No fundo acho que sempre fui azarado. Esse negócio de ficar com duas gurias ao mesmo tempo por exemplo. Experimentei uma vez. Fui descoberto na primeira semana. Fiquei sem nenhuma. Não sou do tipo moralista. Sou mais do tipo pé no chão. Se não levo jeito pro negócio por que insistir? Seria burrice. Melhor namorar uma de cada vez. Nem que seja só namoro, assim, entre aspas. Mas é melhor não falar em azar. A palavra pode funcionar como ímã. Hoje à noite não quero saber de azar. Por enquanto vai tudo bem, conforme o planejado. Tudo tem sido fácil até.

Quadragésimo terceiro degrau

O que terá sido o mais difícil? Tomar a decisão de matar? Não. Definitivamente não. Isso foi fácil, até mesmo natural. Quem não teria vontade de matar o cara depois do que ele fez? Todo mundo, claro, mas só uns poucos levariam a coisa toda adiante. Sou um desses poucos. Certas coisas não podem ficar por isso mesmo, tipo Ah, aconteceu, a vida é assim. O mais difícil foi conseguir a arma? Também não. Murtinho, meu amigo de outros tempos, o atacante veloz que fazia dupla de ataque comigo, me forneceu o revólver em poucas horas. Então o que terá sido o mais difícil? A execução? Por enquanto tudo vai saindo como planejado, sem grandes problemas. Sou uma pessoa invisível escalando o intestino deste dinossauro adormecido. Difícil mesmo vai ser a fuga. Sim, é isso. Até aqui, só facilidades. Bom, talvez não seja muito simples puxar o gatilho com a arma apontada pra ele. Talvez. Mas imagino me sair bem. Murtinho disse O gatilho tá leve. A fuga, aí está a dificuldade, aí está a possibilidade de azar. Melhor parar de repetir a maldita palavra.

Quadragésimo quarto degrau

Meu pescoço tá encharcado. Meu cabelo começa a ficar úmido e olha que é uma cabelama. A ideia de tirar o moletom escuro ganha força. Tô cozinhando dentro dele. A alternativa de esconder o revólver no meio do moletom surge como a coisa mais esperta a fazer. Por certo vai me aliviar do calor. Mas vou deixar pra fazer isso quando a situação se tornar insuportável. Mais próximo do topo, do último andar, do apartamento sessenta e seis. Por enquanto vou levando assim mesmo. Se eu disparar através do bolo de tecido haverá algum problema? A bala vai se desviar? Murtinho disse pra eu tomar cuidado na hora de atirar. A mão da vítima na frente do cano pode desviar o tiro. O tecido do moletom terá tanta força? Ou quem sabe pare a bala dentro do cano? E aí? O que acontece? A arma explode na minha mão como nos desenhos animados? Seria um triplo desastre. Primeiro porque eu me machucaria. Segundo porque não conseguiria acabar com a raça do safado. Terceiro porque estragaria o revólver do Murtinho. E aí o problema seria mesmo bem sério.

Quadragésimo quinto degrau

Um gato desce correndo, o pelo branco roçando na parede encardida. O bicho quase me mata de susto. Passou feito um raio, muito rápido e silencioso. De onde terá vindo? Está fugindo? Nesse prédio pode ser qualquer coisa. O rabo bem erguido, espetado, horrível. Nunca gostei de gatos. Eles têm algo de satânico, não sei explicar. Há alguns anos minha irmãzinha começou a aborrecer meu pai e minha mãe pra ganhar um gatinho. Choramingava pelos cantos: Eu quéio um gatinho. Depois de tanto choro minha mãe concordou, mas explicou que ela teria de brincar e cuidar dele, teria de dar comida pro bicho e, principalmente, deveria limpar o cocô e o xixi do tal gato. Minha irmãzinha concordou, ficou na maior felicidade. Aí minha mãe falou que, como gatos não podem sobreviver sozinhos, a gente nunca ia poder sair nas férias. Minha irmãzinha avaliou o problema e não falou mais em gatos. Às vezes nossos pais nos levavam à praia por uns dias. Um alívio pra mim. Eu já imaginava maneiras de me livrar do animal. Confesso: também não sou fã de cachorros.

Quadragésimo sexto degrau

Um belo dia minha mãe fez sua mala pequena e foi embora. Sei que era mala pequena porque vi meu pai abrindo os armários do quarto deles inspecionando tudo. Ouvi ele cochichar: Ela não levou quase nada. Ela foi embora e deixou só o bilhete que nunca li. Meu pai ficou com o papelzinho. Era do caderno da minha irmãzinha. Contou: Tua mãe disse que precisa de um tempo pra ela, não sabe quando volta. Abri os braços indignado, tipo quando o centroavante leva um pontapé dentro da área e o árbitro não dá nada. O cara fica lá, parado, perdido, braços abertos sem entender. Fiquei desse mesmo jeito. Tempo pra ela? Conversa mais esquisita. De onde tinha saído aquilo? Comigo tudo bem, eu tinha treze, não era mais criança. E minha irmãzinha? Ela tinha dez anos. A coitada não comia, chorava de saudade. Meu pai dizia que ela não precisava chorar, logo mamãe voltaria. Isso tem mais de dois anos. Ela nunca voltou. Manda cartões nos nossos aniversários, presentinhos em caixas amarelas de Sedex. Vem o endereço dela. Cruz, interior do Ceará.

Quadragésimo sétimo degrau

Meu pai que já era homem quieto ficou ainda mais calado. Leu o bilhete pra mim, tentou explicar pra minha irmãzinha e pronto. De imediato assumiu todas as tarefas dela, como se ela tivesse morrido ou como se ela tivesse sido raptada por alienígenas. No começo achei que eles haviam brigado, mesmo não tendo visto eles jamais levantarem a voz um pro outro. Pensei comigo: logo ela vai voltar. O problema era aquela frase escrita no bilhete: Não sabe quando volta. Mas aí era só pensar, ser prático: ela é nossa mãe e nenhuma mãe foge dos filhos. Depois dos primeiros meses comecei a suspeitar que meu pai não tinha contado tudo. Nenhuma mãe precisa de tanto tempo pra si. Então começaram a chegar as cartinhas dizendo Estou bem, com saudades, obedeçam o seu pai, estudem e coisas assim. Saudade? Ela? Fiquei com muita raiva dela. E o tal endereço? Peguei um atlas na biblioteca do colégio. Cruz, no Ceará. Cidadezinha lá em cima no mapa, muito, muito longe. Perguntei pro meu pai se ele não ia atrás dela. Não, ele falou e seguiu lavando a louça.

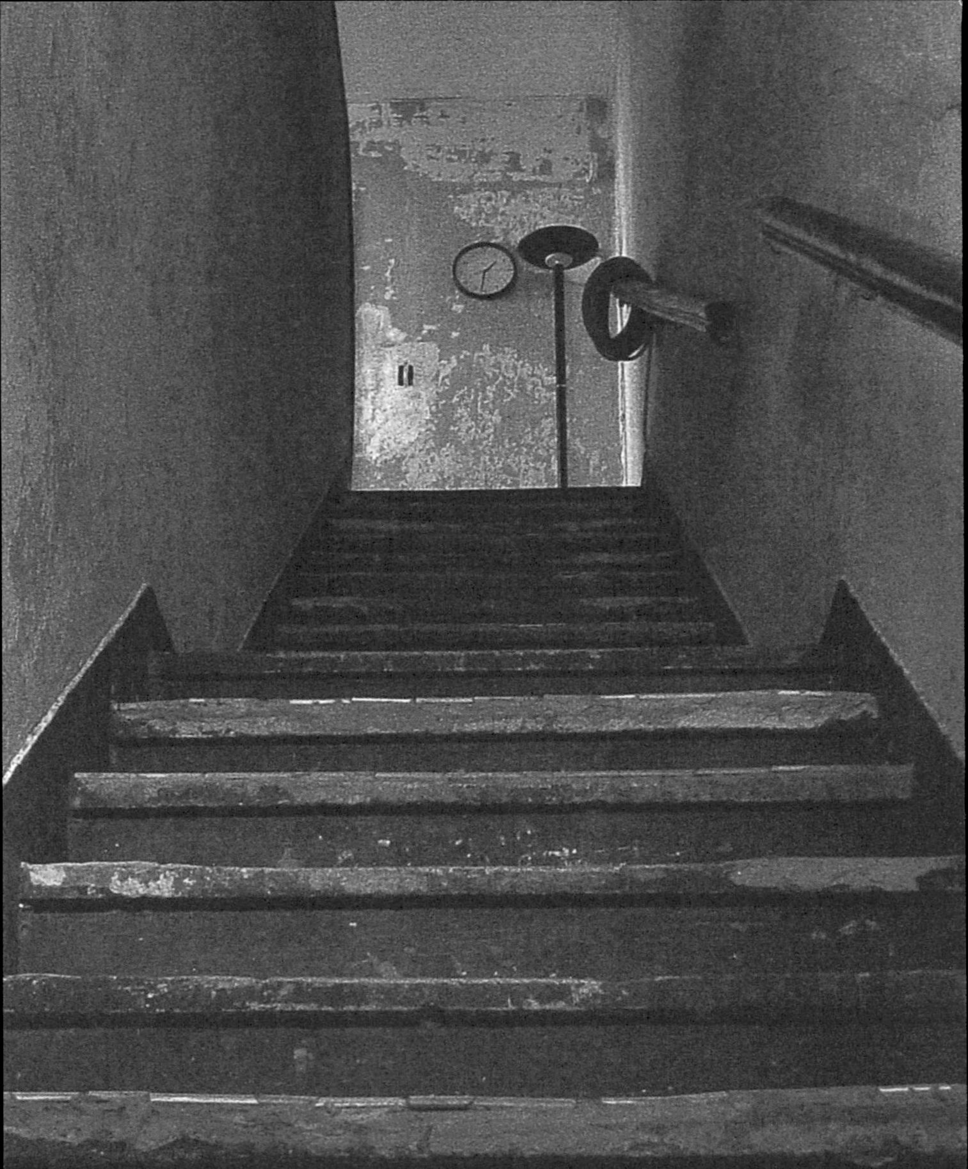

Quadragésimo oitavo degrau

Terceiro piso. Como devem se sentir os alpinistas quando percebem ter alcançado a metade da montanha? Cansados, imagino. Como eu. Mas otimistas. Metade já foi. Agora falta pouco. Meu cansaço, claro, tem a ver com o nervosismo. Na verdade tem muito a ver. Vou matar uma pessoa. Não dá pra fazer de conta que é tarefa simples. Talvez seja algo do dia a dia pros amigos do Murtinho ou pros marginais de modo geral. Pra mim não. É minha estreia no mundo do crime. Imagino que qualquer estreante também fique nervoso. Na verdade o cara do apartamento sessenta e seis não é exatamente uma pessoa. É um monstro. E na minha opinião, monstros merecem morrer. Precisam ser mortos. E fico imensamente feliz em ser a pessoa que vai acabar com a raça dele. O ideal seria chegar e avisar o cara, dizer quem sou e porque estou atirando nele. Seria ótimo escutar ele me pedir calma, pedir pra conversar, pedir perdão. Mas vai ser rápido. Ele vai abrir a porta e vou apertar o dedo no gatilho. Murtinho disse que o gatilho tá macio.

Quadragésimo nono degrau

Escuridão total de novo. No mesmo momento a luz volta. Deve ser a gurizada lá embaixo. Usam o saguão do prédio como área de recreação, tem sempre um deles com o dedinho perto do interruptor. Hoje é terça-feira. Deve passar das nove e meia da noite. Até que horas essas crianças vão ficar funcionando? Não têm aula amanhã cedo? Elas podem ser um problema pra mim na hora da fuga, o ponto crítico da noite de hoje. Podem me ver, podem lembrar de mim, me descrever pra polícia. Seria engraçado ver o meu retrato falado no jornal. Já vi um desses. Nunca parecem ser feitos por alguém que entenda do assunto. As pessoas ficam sempre feias, meio desproporcionais, não se parecem com pessoas de verdade. O pessoal do colégio iria me reconhecer? E o meu pai? Ele gosta tanto de ler jornal. No domingo, ele folheando o jornal, aí lê a manchete: Polícia procura assassino. O retrato falado ao lado da notícia. Talvez ele não me reconhecesse de cara, mas ao ver o nome do morto saberia. Eu diria a ele: Fiz o que tu já deveria ter feito.

Quinquagésimo degrau

Ouço ruídos de passos e paro. Não vêm de cima, vêm de baixo. Alguém subindo também. Cença, cença, o homem diz e vem rápido na minha direção. Espio e congelo. É ele. O monstro. Não tenho a menor dúvida. Reconheço aquela cara, aquela cabeça raspada, os ombros largos, o peito inchado, musculoso. Meu coração dá pulos medonhos, meu sangue ferve, intensifica meu suor. Afundo na tonteira. Cença, cença, ele pede. Colo minhas costas na parede suja e ele passa por mim apressado. Deixa atrás de si seu rastro de perfume forte e danado de bom. Deixa atrás de si um guri borrado de medo, um maldito covarde. Tiro o revólver do bolso canguru do moletom. A arma pesa, parece desajeitada na minha mão direita, quase não a equilibro. Meus joelhos tremem. Levanto o trinta e oito, faço mira. Ali está o safado, as costas dele, camisa social branca, calça escura. Atira!, grito pra mim mesmo e nada acontece. Será que tá descarregada? Ele some na curva. Olho o tambor. As balas estão ali, posso ver. Não há nada de errado com o revólver. Não tive coragem. Essa é a verdade. Amarelei.

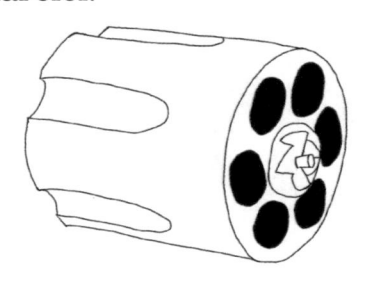

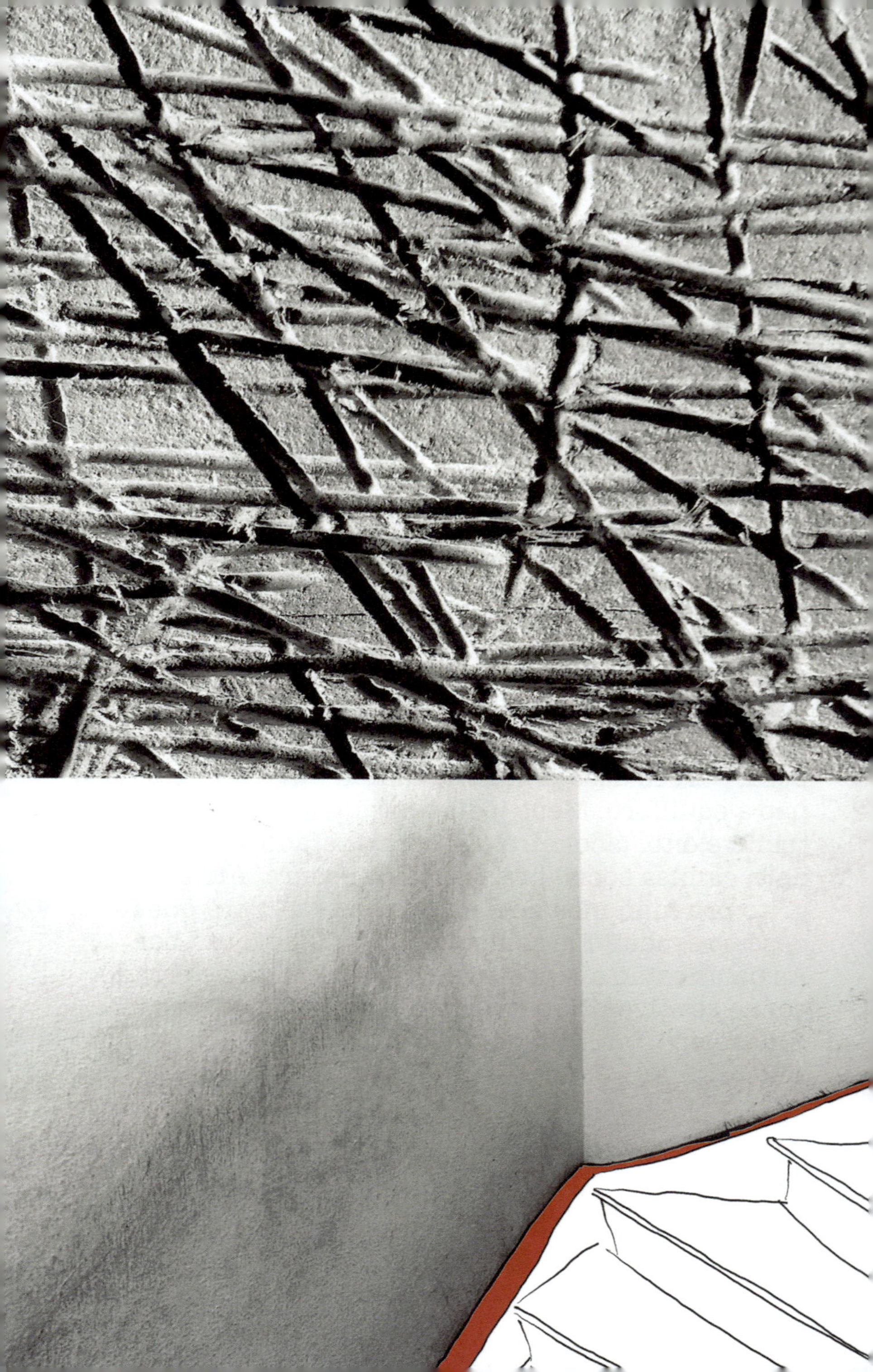

Quinquagésimo primeiro degrau

Se ele descer eu atiro, penso, a arma agora firme na minha mão. Não, é burrice, é desculpa de perdedor. Agora não adianta. Tive a chance e fracassei. A verdade é uma só: me borrei de medo. Não posso querer me enganar. O cara passou do meu lado, praticamente roçou em mim. Pude sentir o cheiro do seu perfume, aliás ainda está por aqui. Teria sido perfeito. Um tiro nas costas. Com sorte a bala perfuraria o coração, ele cairia morto ou quase morto. Aí eu só precisaria atirar de novo pra ter certeza e então começaria minha decida. Pouparia meu trabalho, não precisaria subir até o topo do edifício. A oportunidade perfeita passou diante dos meus olhos e não fiz nada. Fiquei parado, congelado, sem reação. Que espécie de matador eu sou? Do tipo que treme na hora da verdade? Do tipo que fica parado diante do criminoso? Devia ter sido mais rápido. Sacado e disparado. Lembrei do aviso do Murtinho: Não chega muito perto, o cara pode ser rápido, pode te tomar a arma. Pois é, mas era só esperar ele se distanciar dois ou três degraus e pum.

Quinquagésimo segundo degrau

Será que vou tremer quando ficar diante dele? Se eu tremer, certamente ele vai me tomar o revólver e vai me matar. Ele diria pra polícia Olha, eu apenas me defendi. Eu morreria de graça. Seria um jeito ridículo de morrer. O que todos iriam pensar de mim? Não faltaria alguém no colégio pra rir da minha cara. Olhariam minha foto no jornal, eu lá estirado no piso do sexto andar, no meio de uma poça de sangue, apontariam o dedo e diriam: Ó, maior otário. E Martina? Ela piraria, entraria em parafuso, faria a maior cena no velório e no enterro, vestiria luto e tudo que tem direito. Meu pai também ficaria arrasado. Nem tanto pela minha morte, mas pela própria covardia de nunca ter feito nada com o cara. A covardia dele deixou o sujeito do apartamento sessenta e seis livre. Minha irmãzinha talvez me considerasse seu herói. Não dizem que os heróis devem morrer cedo? E minha mãe? O que ela diria lá em Cruz, interior do Ceará? Provavelmente nada. Capaz até de sentir certo alívio. Um presente a menos pra despachar por Sedex.

Quinquagésimo terceiro degrau

Paro. Não é mais possível suportar o calor, o suor. Uma agonia só. Deve fazer uns quarenta graus dentro do moletom. Logo a vertigem vai me fazer ver coisas. Enfio o trinta e oito na cintura da calça, jogo a parte de baixo da camiseta por cima do cabo. Não fica muito bem disfarçado. Dá pra ver que existe alguma coisa ali. Uma carteira recheada? Um celular? Uma lanterna? Pouco importa. O importante é parar de suar. Tiro o moletom com movimento rápido e o amarro na cintura. Minha camisa está encharcada em V na frente e, imagino, outro V nas costas. Imediatamente me sinto melhor sem aquela peça de roupa. Talvez isso tenha travado meus reflexos. Excesso de calor pode me ter feito vacilar daquela maneira. Água seria bom agora. Não lembrei de trazer. Mas jamais me ocorreu estar esse forno aqui dentro. E eu nunca ia pensar em água numa hora dessas. Ou não está tão quente e eu estou suando assim por causa da subida e do estresse. Subir escadas é exercício aeróbico. Martina já me falou que algumas mulheres não pegam o elevador, vão pelas escadas pra endurecer o bumbum.

Quinquagésimo quarto degrau

O fato é que continuo subindo. Posso ter vacilado. Posso, não: vacilei feio. Sim, vacilei, não tenho dúvida. Mesmo assim sigo minha caminhada até o apartamento sessenta e seis. Por mais que o encontro inesperado com o cara tenha me abalado, ainda assim vou prosseguindo degrau por degrau. Em nenhum momento, apesar do susto, pensei em dar meia-volta, desistir. Nem eu, nem minhas pernas. Elas seguem firmes pro alto. Fico pensando. O que ele fazia ali? Pelo que eu sabia, ou imaginava, ele já deveria tá em casa. Não era pra tá na rua naquela hora. Só se desceu pra comprar cigarros ou algo na farmácia. O fato prova como meu plano é igual a uma peneira, cheio de furos. Tantos furos podem acabar me complicando. Mas de certa forma eu não me surpreendo. Preparei tudo da melhor maneira possível. Eu não poderia vigiar o cara o tempo todo sem chamar a atenção. Meu plano tem muito mais impulso do que estratégia. Será um crime de ódio, de raiva. E é minha primeira vez. Nunca matei antes. Nem mesmo sou de brigar. Não posso exigir demais de mim.

Quinquagésimo quinto degrau

Ele é motorista de táxi-lotação. Sei a linha na qual trabalha. Sei o itinerário, os horários. Ele trabalha até o fim da tarde. Camisa branca, gravata vermelha. Descobri o endereço dele. Isso não foi difícil. Aliás, essa foi a primeira coisa que descobri. Na verdade não descobri. Depois do lance envolvendo a polícia, o boletim de ocorrência, todo mundo ficou sabendo onde ele mora e onde a gente mora. Ou seja, eu levantei as informações mais importantes. O que mais eu poderia querer? Talvez um silenciador pra arma, como aparece nos filmes de ação. Sim, isso seria perfeito. Tuf, tuf, quase sem ruído. Ninguém ouviria nada e eu poderia descer com calma, sem levantar suspeitas. Fazer o serviço na rua, em plena luz do dia seria implorar pra ser pego. E não quero nada disso. Se ao menos ele trabalhasse à noite eu poderia entrar na lotação e fazer de conta que era um assaltante. Podia até enfiar uma touca ninja na cabeça. Como não é o caso decidi cumprir minha missão indo ao apartamento sessenta e seis, direto na casa dele. Ele nunca vai esperar por essa.

Quinquagésimo sexto degrau

Meu celular volta a tremelicar. Martina de novo. Namorar Martina exige muita paciência. Atendo com um Oi, gata. Busco ser bem meloso e bem-humorado. Há poucos segundos puxei uma arma e quase matei um cara na escada deste prédio fedorento, mas, pra não ter maiores problemas, faço o maior esforço tentando parecer o Patrício que ela espera. Ai, amor, tô te esperando, vai demorar muito ainda? Vontade de mandar ela pra longe não falta. Faz o quê? Cinco minutos? Há cinco minutos ou menos falei: Já tô indo pra tua casa. Pô, não dá pra ser mais claro, é impossível. Mas ela parece não entender. Às vezes queria ter mais paciência, ser diferente. Mais um pouquinho, gata, respondo, dou o tom certo pra minha voz. Ai, Patrício, é que eu não tô mais aguentando de curiosidade. Calma, gata, não é nada demais, é só uma lembrancinha. Ai, não demora, ela fica miando. Pode deixar, não demoro, gata. Ela me manda beijos. Devolvo o beijo. Isso será outro problema. Vou arrumar um presente onde? De que jeito? O shopping mais próximo fica longe, não chegarei antes de fechar.

Quinquagésimo sétimo degrau

Martina não gosta de histórias mal explicadas. Se eu aparecer na casa dela sem presente vai dar rolo. Pior seria se ela descobrisse o lance com a Claudinha. Não posso esquecer de apagar o número da Claudinha do meu celular. Aí, sim, tô ferrado, não quero nem pensar. Se a Martina desconfiar que eu ando... Na verdade, o lance com a Claudinha não é bem um lance. Quer dizer, é. É. Fazer o quê? Aconteceu. É só o que eu posso dizer. Pô, aconteceu. Duas vezes já. Começou quando ela me deu mole naquela festa. Depois rolou bem num dia em que eu e a Martina brigamos, nem lembro por qual motivo, certamente uma bobagem qualquer. A Claudinha chegou sempre com aquele jeitão dela, sempre de bem com a vida, o maior bocão, pô não resisti. Na segunda vez, eu e a Martina já estávamos numa boa. Quando a gente tá bem a Claudinha fica maluca. Ou é só coincidência? Ela me ligou, me mandou torpedo, recadinho do Facebook, até bilhete me mandou. Depois da aula preciso falar contigo. Acho que tu vai gostar. Beijo da C. Fui fraco, confesso.

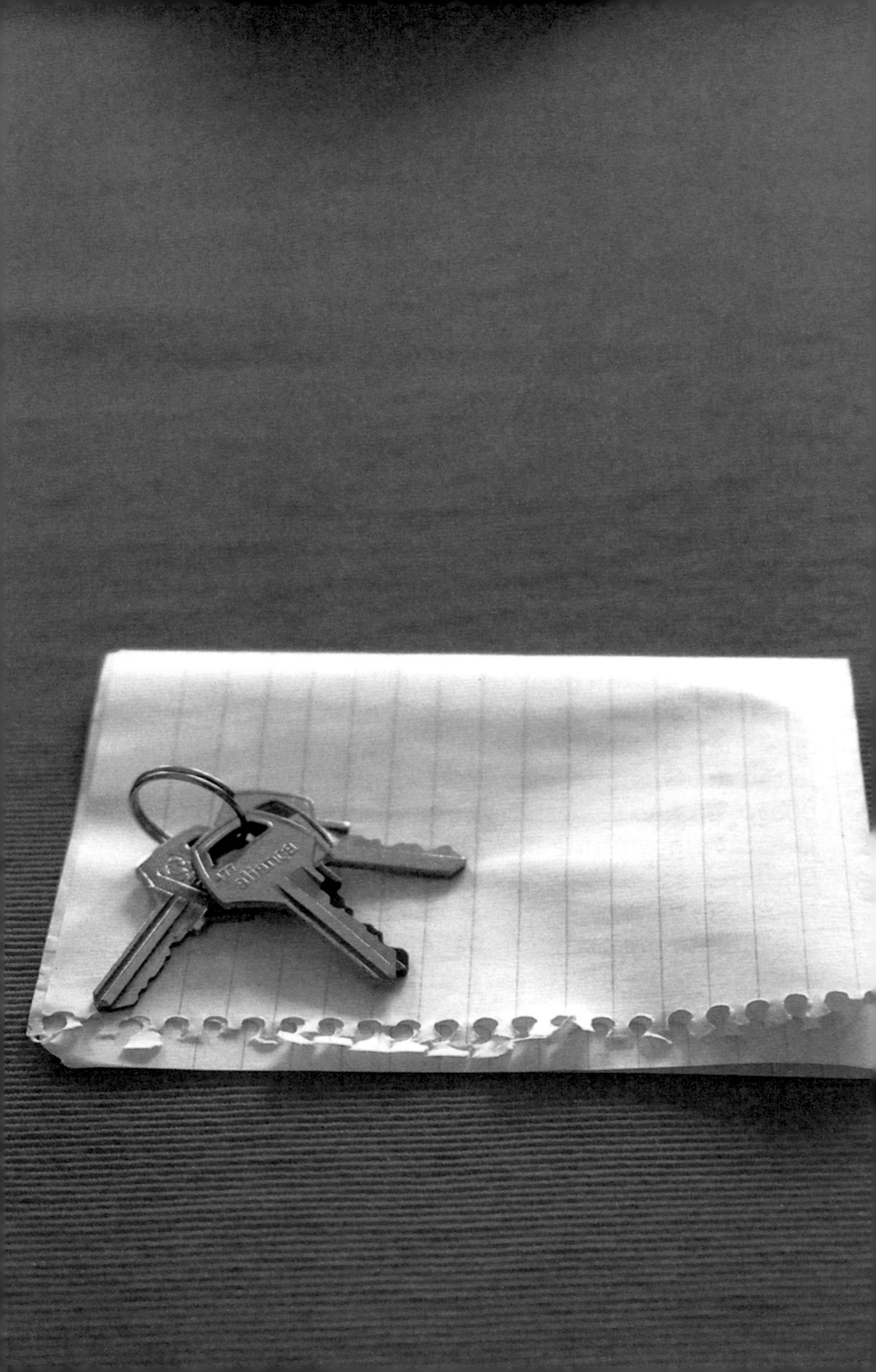

Quinquagésimo oitavo degrau

Isso me faz lembrar da minha mãe. O jeito como ela saiu de casa, assim, de uma hora pra outra. Ela acordou, fez a mala pequena e se foi? Não tem como acreditar nisso. Certamente existe um cearense na jogada. Há quanto tempo ela devia conhecer o tal cearense? Meu pai disse que ela deixou só um bilhete. Precisava de tempo, não sabia quando voltava. Ele nunca me mostrou o bilhete. Mentiu pra me proteger? Me proteger da verdade? Ela deve ter escrito outra coisa. Mas o quê? Que havia conhecido o homem da vida dela e não era o meu pai? Que não me aguentava mais? No tempo em que ficou com a gente ela não pode reclamar de mim. Nunca dei trabalho. Tenho certeza. Minha irmãzinha muito menos. Meu pai? Nunca vi ou ouvi nenhuma briga deles. É claro, só pode existir um cearense. O cara lá de Cruz, interior do Ceará. Fico imaginando a vergonha do meu pai. É de dar pena. E se o tempo que ela pediu acabar? E se ela voltar? Eu não aceitava ela de volta. Mas conhecendo meu pai...

Quinquagésimo nono degrau

Melhor não pensar nessas coisas. O calor diminuiu sem o moletom, mas ainda está quente e suo bastante. Limpo a testa com a palma da mão. É, cortar o cabelo, será uma boa providência. A Martina gosta de mim cabeludo. Azar. Pois é, melhor não pensar nessas coisas. Melhor pensar só no cara do apartamento sessenta e seis, o cara que vou matar. Ele não vai ter tempo de dizer nada. Se tivesse, tenho certeza de que me pediria Calma, Por favor, Abaixa essa arma, Vamos conversar. Aí eu explicaria porque tô ali. Ele ia ficar com uma cara muito assustada, ia entender que não era assalto. Ele veria minha cara de fúria e seria capaz até de chorar, pedir perdão, se ajoelhar, essas baixarias. Isso me daria mais raiva ainda, me daria mais força pra puxar o gatilho. Atira no peito, não tem erro, Murtinho aconselhou. Gostaria de dizer a ele meu nome e o motivo da minha visita. Mas não vai dar. Pena. Vai acontecer tudo muito rápido. Ele vai estar no chão num piscar de olhos, antes mesmo de entender o que o atingiu.

Sexagésimo degrau

Primeiro minha irmãzinha começou a chegar mais cedo do colégio. Quando eu perguntava ela dizia que a professora tinha largado antes do horário. Acreditei. Depois, minha irmãzinha começou a chegar mais tarde. De novo perguntei e ela disse que a professora tinha segurado a turma além do horário. Também acreditei. Minha irmãzinha, pô. Meu pai nos ouviu, fez as mesmas perguntas e ficou quieto. Na hora eu não percebi, mas ele achou a história meio esquisita, desconfiou de alguma coisa. Aí resolveu dar uma de detetive e foi investigar. Pelo que ele me contou, no dia seguinte pediu pro chefe da repartição pra sair antes do serviço e foi esperar minha irmãzinha no horário da saída do colégio, fim de tarde. Ficou do outro lado da rua observando. Quando deu o sinal todo mundo se mandou, inclusive minha irmãzinha. Quer dizer, a criançada foi. Minha irmãzinha não tomou a direção pra casa, ficou na frente do portão esperando. Até aparecer um Fusca azul rebaixado. O motorista tinha cabeça raspada, os ombros largos, o peito inchado e musculoso. Ele abriu a porta, minha irmãzinha entrou e se foram.

Sexagésimo primeiro degrau

Pelo que contou mais tarde, meu pai saiu correndo atrás de táxi. Por sorte conseguiu um na esquina do colégio a tempo de não perder o cara de vista. Começou a seguir o cara, tipo filme. O Fusca saiu da avenida, foi entrando em ruas mais estreitas, de paralelepípedos, com poucas casas por perto, uma praça grande quase sem frequentadores. Quando o Fusca estacionou, meu pai pediu pro motorista parar bem atrás e anotar a placa. Daí meu pai desceu, abriu a porta, puxou minha irmãzinha lá de dentro e disse pro cara Tô indo na Polícia. Prestou queixa, fez boletim de ocorrência, tudo certinho. Depois de um tempo, o cara foi ouvido, levou até advogado. No depoimento, o safado disse Eu só tava dando carona pra menina. Meu pai pressionou minha irmãzinha e ela disse que não era só carona, o cara dava pirulitos e conversava. O tempo passando e nada de cadeia pro safado. Um dia meu pai ligou pro delegado e o delegado disse Olha, o melhor é esquecer. Aquilo, infelizmente, não ia dar em nada.

Sexagésimo segundo degrau

Minha irmãzinha tem doze anos, ainda dorme com seus bichos de pelúcia. Um coelho com pernas enormes, um filhote de urso, um cachorro de orelhas enormes. É bom lembrar disso agora ao me aproximar do último andar. Melhor ainda é tocar no cabo do trinta e oito, saber que o apartamento sessenta e seis tá cada vez mais perto. Ela usa pijaminha infantil, gosta de cadernos com personagens de desenho animado, tem doze anos e ainda dorme com seus bichinhos. Para o delegado o caso é muito complicado, de difícil comprovação, ele disse que não vai dar em nada. Então é isso. Caso encerrado, seguir em frente, tocar a vida e pronto, como se nada tivesse acontecido. Pra mim o importante na vida é ter sempre bons advogados. O cara, o motorista do táxi-lotação segue andando por aí. Talvez até continue passeando em frente de outros colégios com seu Fusca azul rebaixado. Perguntei pra minha irmãzinha como ele se aproximou. O cara aproveitou a chance. Ela, às vezes, pegava o lotação que ele dirigia. E ele nem me cobrava, ela me disse, como se isso fosse algo sensacional.

Sexagésimo terceiro degrau

Um dia perguntei pro meu pai se ele não ia fazer nada. Fazer o quê?, ele perguntou sem tirar os olhos de cima do jornal. Esse negócio com o motorista do lotação, expliquei, Vai ficar assim, sem acontecer nada com o cara? O que eu tinha de fazer eu fiz, falou aborrecido. Fez?, questionei com certa raiva dele. Tirei tua irmã de dentro do carro do safado, fui na delegacia, prestei queixa, fiz tudo o que eu podia. Tudo?, debochei. Ele me olhou aborrecido. O delegado mesmo falou que isso não vai dar em nada e eu não tenho dinheiro sobrando pra contratar um advogado nem paciência pra ficar anos brigando na justiça. E o safado fica livre como se nada tivesse acontecido?, perguntei pra provocar. Trabalho o dia inteiro, ele fez questão de me lembrar. E continuou com a frase mais dolorosa. Se isso tudo aconteceu foi porque tu não tomou conta da tua irmã, ele disse. Gelei, meu coração parou. É, porque tu não tomou conta da tua irmã. Virou a página do jornal com certa fúria e entendi, a conversa tinha terminado.

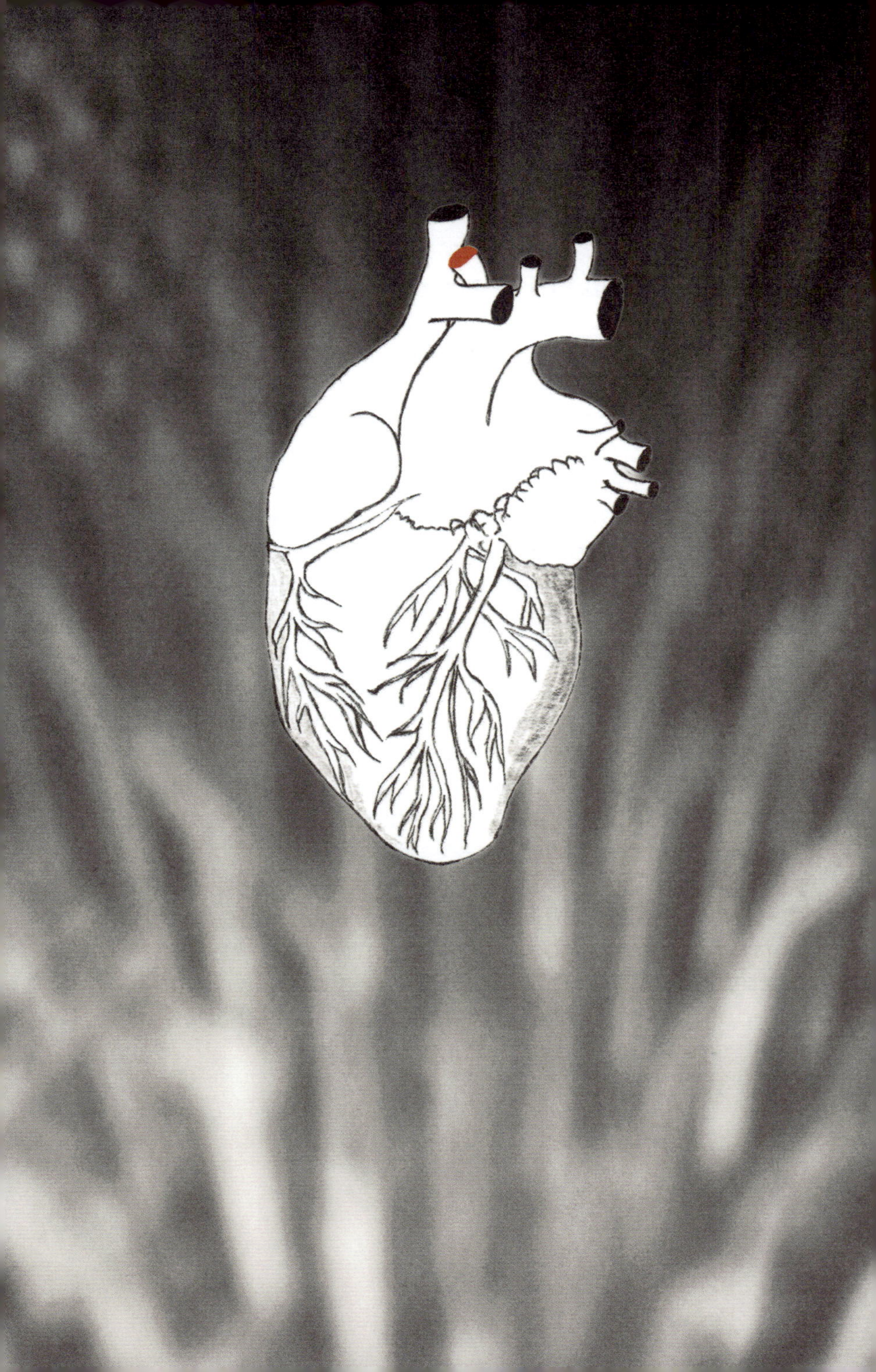

Sexagésimo quarto degrau

Quinto piso. Paro. Respiro fundo. Quanto mais próximo chego do apartamento sessenta e seis, mais quente fica, mais minhas mãos incham, tremem, suam. Sinto o suor deslizar pelos cabelos das minhas pernas, e isso que estou de bermuda. É preciso ter calma, cabeça fria. Falta pouco. De um dos apartamentos próximo, alguém com a tevê a todo volume. Deve ser surdo. Mas você disse que me amava, diz a voz masculina. Uma mulher confusa é capaz de falar inúmeras bobagens, inclusive essa, diz a voz feminina. Deve ser a novela das oito. Mas e quanto aos nossos planos de casamento? Os planos eram seus, não meus, eu não posso fazer planos com alguém que eu não amo, a voz feminina está cheia de nojo. Ruídos de passos. Espera, não vá embora, precisamos conversar, esclarecer isso tudo. O cara parece bem aborrecido, está inconformado, à beira do choro. Basta, eu já disse tudo, está tudo acabado entre nós, passar bem. Então, ouve-se o ruído de porta batendo e a trilha sonora da novela. Ouço a voz de uma senhora pronunciar Maisss. Parece surpreendida pela separação do casal.

Sexagésimo quinto degrau

Meu celular tremelica no bolso da minha bermuda. Paro. Se for Martina, não vou mais conseguir ser bonzinho e pouco me importa se sua luz indicativa de humor for pro vermelho, vou dizer que desisti de ir na casa dela. O número no visor indica Claudinha. Oi, digo sem ânimo. Oiê, Patrício. E aí, beleza? Já fez o que tinha pra fazer? Ainda não. Vai me dispensar de novo, Patrício? Não é isso. A fera taí contigo? Não, Claudinha, a Martina tá na casa dela, mas eu tô ocupado mesmo, de verdade. Quando tu me procura eu sempre te dou atenção, Patrício, ela reclama. As mulheres adoram reclamar. Eu sei, eu sei, mas é que... Quando tu tá a fim de mim, eu sempre arrumo tempo, te encho de carinho. Eu sei, tô sabendo, olha, amanhã a gente conversa, na boa, tá? Pode ser, mas eu já vou te adiantar qual é o assunto, pode ser? Pode. Não sei se tu vai gostar muito, Patrício. Fala, Claudinha. Tá sentado? Que saco, guria, fala de uma vez, caramba, sem frescura. Não tenho certeza absoluta, mas acho... Eu tô, tipo assim, grávida.

Sexagésimo sexto degrau

Avanço um passo e volto a parar. Meus joelhos estão sem força, parece não haver mais ar no interior do corredor, aliás não parece mais corredor e sim um buraco apertado. Ficamos conversando por mais alguns minutos. Não consigo lembrar direito de tudo o que foi dito. A notícia me deixou apavorado, sem forças, ela me dizendo ainda não ter certeza absoluta, tinha noventa por cento de certeza, amanhã irá na farmácia comprar o kit pra fazer o teste de gravidez e tirar a dúvida. Amanhã, penso. Nunca um dia seguinte será tão estranho pra mim. Amanhã serei assassino e pai. Claro, ela pode estar enganada, mas pelo que falou é quase certo. Andou se informando, fazendo as contas. Mulheres sabem dessas coisas. Assassino e pai. Bela combinação. E na mesmíssima noite. Parabéns pra mim. Claudinha também falou qualquer coisa sobre o que vamos fazer daqui pra frente e eu só dizendo Amanhã, amanhã a gente vê, ou algo assim. Fui muito canalha, com certeza. Com a Claudinha e com a Martina. Quanto tempo ficamos de papo? Uns cinco minutos? Eu parado no meio da escada do prédio sujo e fedorento. Eu, assassino daqui a pouco; pai em poucos meses.

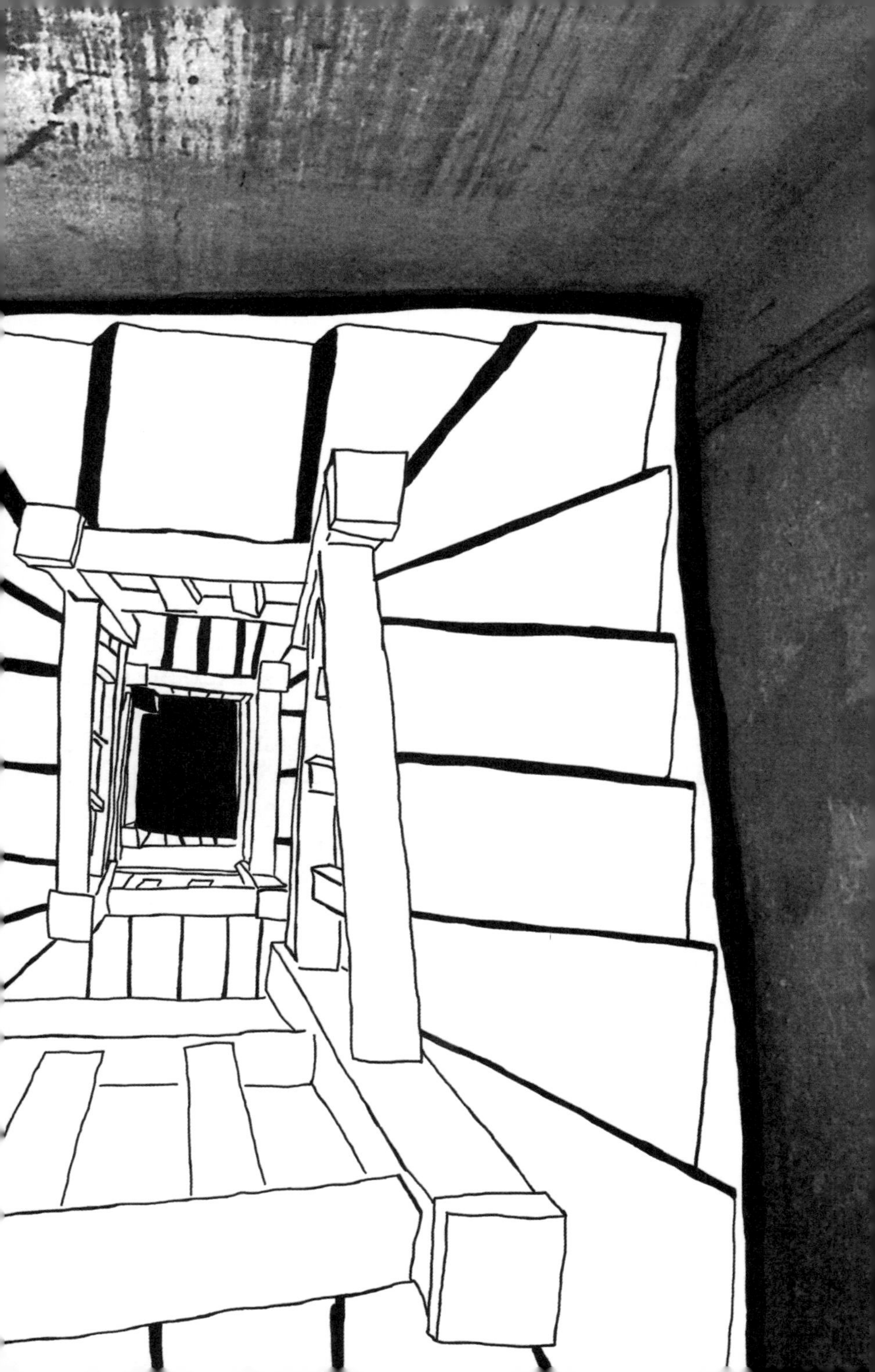

Sexagésimo sétimo degrau

O que vou fazer amanhã? Dizer pro meu pai, Te liga tu vai ser avô? Contar pra minha irmãzinha que ela vai virar tia? E minha mãe? Escreverei a ela? Olha, tu vai ser avó. E Martina? Pra Martina não tem o que dizer. Pedir desculpas talvez e tentar suportar o ódio dela. Os pais da Claudinha vão me obrigar a casar com a filha deles? E se me obrigarem a morar com a Claudinha? Vão construir um puxadinho nos fundos do terreno? Vou ter de arrumar emprego, já tô vendo. O pai dela trabalha na ferragem do bairro. Ele vai poder me conseguir colocação lá? Não entendo nada de ferramentas, de parafusos, nem de materiais de construção. Não sei nada sobre casamento. Muito menos sobre bebês. Eu, pai. Dá a maior vontade de fugir, voltar no tempo. Minha vida tá desmoronando. Como isso foi acontecer? Mesmo assim, sigo em frente, pra cima. Ou a notícia da Claudinha seria um aviso pra eu pensar melhor? Pra me fazer desistir de matar o cara do apartamento sessenta e seis, pra não me tornar um assassino. Mas aviso de quem?

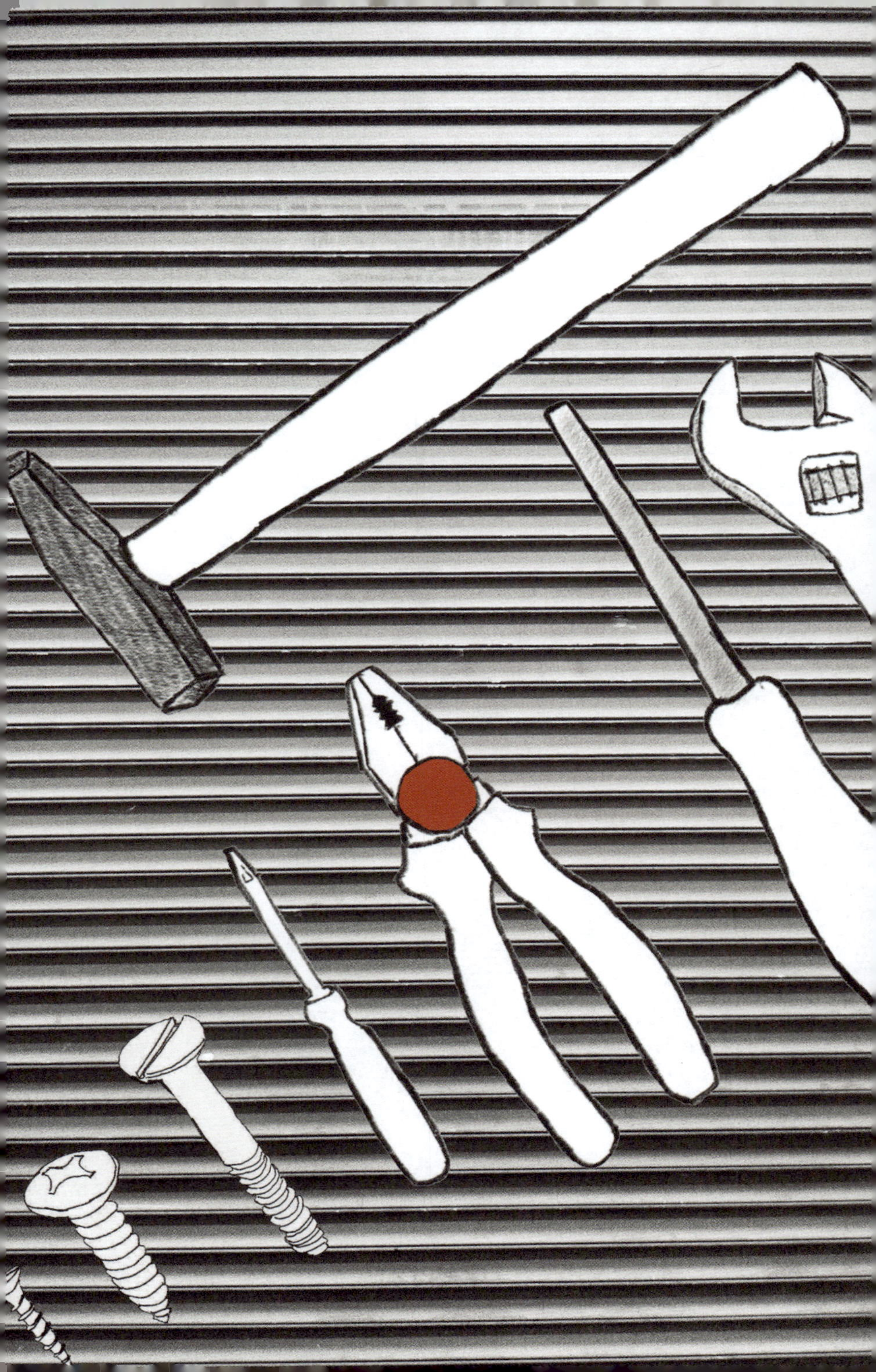

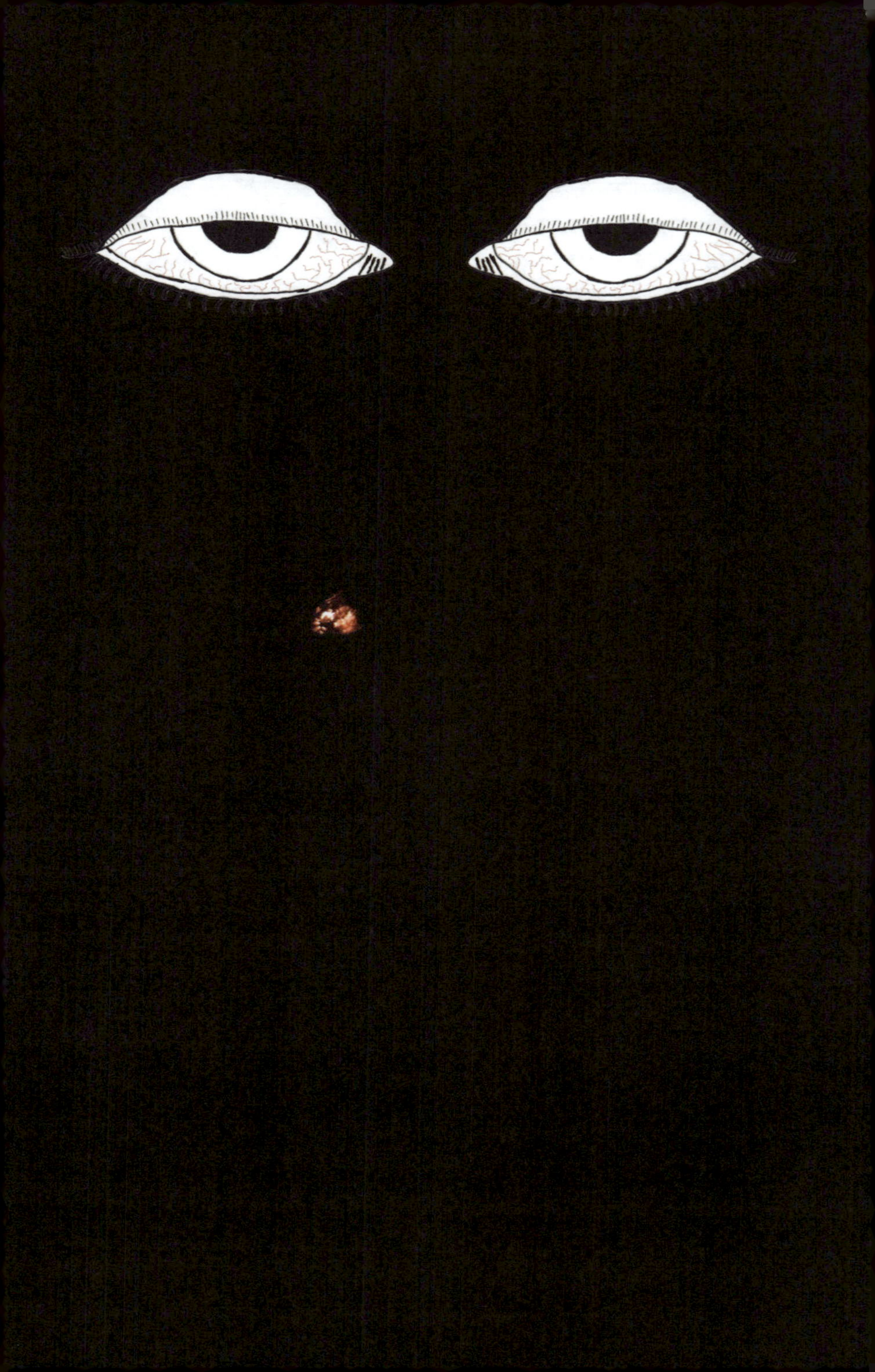

Sexagésimo oitavo degrau

A luz volta a apagar e vejo mais à frente um ponto alaranjado, uma brasa. Pela posição do pontinho luminoso, alguém tá sentado nos degraus fumando. Mas o cheiro não é de cigarro. Paro assustadíssimo, coração aos pulos. Paz, meu irmão, diz a voz de alguém. Opa, digo. Assustou?, ele pergunta, voz de homem mais velho, trinta ou quarenta anos, por aí. É, admito. Fica frio, meu irmão, sô da paz, precisa se assustar não, tô só descansando a cabeça, turbinando os neurônios. Ah, tudo bem, eu falo, beleza. Ele tem sotaque. Cearense? Será que ele é de Cruz? Elevadorzinho safado esse, não é não? Pois é, comento. Tem dias que funciona, aí estraga duas semanas, aí vem os caras da manutenção e acontece a mesma coisa, como aqueles ratinhos correndo nas rodas dentro das gaiolas, por mais que tentem, não saem do lugar. Ri. Pra muita gente aqui do prédio não tem mais conserto, qualquer hora a prefeitura vem aí e o condomínio é multado. Pois é, comento. Semana que vem tem reunião, tão falando em chamada extra, mas, meu irmão, não pago nem atado, até porque escada é exercício, faz bem pro corpo e pra alma, não é não?

Sexagésimo nono degrau

É, falo por falar. Ergo o pé pra subir mais outro degrau. Vou me esfregando no canto oposto ao da brasa de cheiro enjoativo. Pela tua voz, tu é garotão ainda, ou tô errado? Conversar com uma futura testemunha não tá nos meus planos. Isso é péssimo. Daqui a pouco ele vai ouvir os tiros, aí vai logo lembrar de ter conversado com o assassino. A velha lá embaixo não foi problema porque ela me confundiu com outro cara e ela era meio cega, certamente não vai escutar os tiros, talvez nem fique sabendo. Minha sorte é essa luz apagada escondendo meu rosto. Espero que nenhuma das crianças enfie o dedinho encardido no interruptor logo agora. Talvez eu devesse eliminar o cara. O revólver tá aqui. E se ele tentar me segurar nas escadas depois do crime? Vou ser obrigado a matar de novo? O pensamento vai embora do mesmo jeito como chegou. Estou aqui pra cuidar do cara do apartamento sessenta e seis, apenas dele. Meu objetivo é bem claro. Digo que preciso continuar e ele levanta, me acerta tapinha no ombro. Vai com Deus, meu irmão.

Septuagésimo degrau

Vai com Deus, meu irmão, ele repete. A gente não pode ficar a noite inteira pensando na vida, não é não? Solta uma risadinha. É isso aí, eu digo. E ó, essa reunião do elevador aí, vê lá, meu irmão, diz pros teus coroas não votarem a favor da chamada extra, isso daí acaba em roubalheira, metem a mão no dinheiro do serviço, sabe como é, não dá pra facilitar com o síndico, já viu a cara de salafrário dele, meu irmão? Tá, digo, pode deixar. Aqui nesse prédio tem muito gato, meu irmão, e libera sua risadinha. Penso em dizer que vi o gato branco passar por mim nas escadas, mas ele não me dá chance. Gato da luz, gato da tevê, gato da água, gato nas contas do condomínio. Tem muita gente que prefere ser roubada só pra não caminhar meia dúzia de degraus. Traga com força e sua voz soa esquisita. Meu irmão, a vida é boa, ruim é viver. Tudo bem, falo. Não entendo, nem quero entender. Tenho que ir, reforço. Também preciso descer, meu irmão, já arejei minhas ideias. Começo a ouvir seus passos cansados.

Septuagésimo primeiro degrau

Só se a Claudinha estiver me sacaneando. Claro. Que história mais maluca foi aquela? Ela? Logo ela? Grávida? Ela que é tão esperta. Não. Só pode ser sacanagem. Falou isso só pra me deixar preocupado, pra estragar meu lance com a Martina. Mas qual o motivo? Claudinha nunca quis nada comigo. Quer dizer, só de vez em quando, de vez em quando não, duas vezes, dois vacilos meus. Meu arrependimento surge veloz, bruta vontade de chorar, de voltar no tempo. De nunca ter saído com a Claudinha. Tremendo vacilo, cara. Sinto uma pena muito grande da Martina. Se isso tudo for verdade, ela vai ficar muito chateada, vai me odiar de verdade, do jeito como alguém pode odiar outra pessoa, do jeito como odeio o safado do sessenta e seis. Tenho vontade de chorar por não ter cuidado da minha irmãzinha, como meu pai falou. Seu eu tivesse prestado mais atenção nela. Se eu fosse buscar a pequena, tão magrinha, na saída do colégio como meu pai sempre recomendou, quem sabe eu não estaria no intestino desse monstro com um revólver na cintura pronto pra fazer a maior de todas as loucuras.

Septuagésimo segundo degrau

O mundo do Se é muito bacana. Se eu tivesse feito isso. Se eu tivesse feito aquilo. Muito legal. Dentro desse mundo perfeito o mais importante seria Se minha mãe não tivesse se mandado de casa. Pra mim teria feito toda a diferença. Se ela tivesse morrido, acho que meu pai, eu e minha irmãzinha acabaríamos nos conformando, tocaríamos a vida em frente de maneira mais normal e não cada um no seu canto. O problema é que ela não tá morta, tá bem viva, curtindo no interior do Ceará, a milhares de quilômetros daqui. Bem viva. Logo depois de ter se mandado, toda vez que alguém batia na nossa porta ou tocava o telefone, minha irmãzinha corria pra atender. Claro, achava que podia ser a mãe dela. Nunca era. Ela foi embora e nunca voltou. Nunca ligou. Nunca mais ouvimos a voz dela. Nem isso. Se comunica com a gente via Sedex. Nos nossos aniversários e no Natal. Se ela não tivesse se mandado de casa, tudo seria diferente. O problema é que o mundo do Se não existe e se não existe, não serve pra nada.

Septuagésimo terceiro degrau

A criançada lá embaixo deve ter saído pra rua ou já voltou pra suas casas. Sigo no escuro. Apanho meu telefone celular pra iluminar os degraus que restam até o apartamento sessenta e seis, até a porta que será aberta fazendo de mim o mais novo criminoso da cidade. Sigo com calor, mas agora o suor já não me incomoda tanto. Escorre livre das minhas axilas, pelas costas, pelo meu pescoço. Cortar os cabelos será verdadeiro alívio, já quase odeio a cabeleira. Nem sou roqueiro. Sei que estou fazendo a última curva dentro do enorme intestino deste prédio velho fedendo a xixi. Aqui, lugar por onde passam todas as porcarias do mundo, sigo na jornada solitária sentindo o sangue aquecer por dentro das minhas veias. Meus músculos incham e começam a ficar alertas. São as condições ideais pra cumprir a missão. Lembrar do papo com Murtinho. Ele aconselhou: Não tenta acertar na cabeça do cara, é menor, mais difícil de atingir. Ele foi bem claro: Atira no peito, não tem erro. Se tu acertar no peito, o cara cai, morre na hora. Peito, não posso esquecer, não posso ficar nervoso.

Septuagésimo quarto degrau

Não tô nervoso. Quer dizer, o coração tá acelerado, mas acho que é mais pelo esforço de subir até aqui sem elevador. Minha maior preocupação mesmo é a fuga. Pelo meu estado, não sei se minhas pernas vão conseguir me fazer correr, sequer andar rápido. Nessa escuridão vou acabar tropeçando, caindo. Imagina o revólver do Murtinho espirrar longe e eu ter de ficar lá de quatro tateando o chão, procurando. O lance do retrato falado também pode ser complicado. O lance com a Claudinha já é bastante complicado. Ela grávida, eu pai. Essa notícia não podia ter chegado em pior hora. Pode ter sido mesmo um aviso. Mas não me ligo muito nessas coisas. Fazer o quê? Depois de matar o cara do apartamento sessenta e seis, fugir é minha prioridade. Melhor pensar nos outros problemas na hora em que eu estiver voltando pra casa. Opa, tenho de passar na Martina. Opa, não tenho nenhum presente pra ela. Ih, vai ser a maior confusão explicar, já tô vendo. Mas agora é tarde, não posso pensar nisso. O negócio é matar, sair daqui, fugir. Mas fugir pra onde?

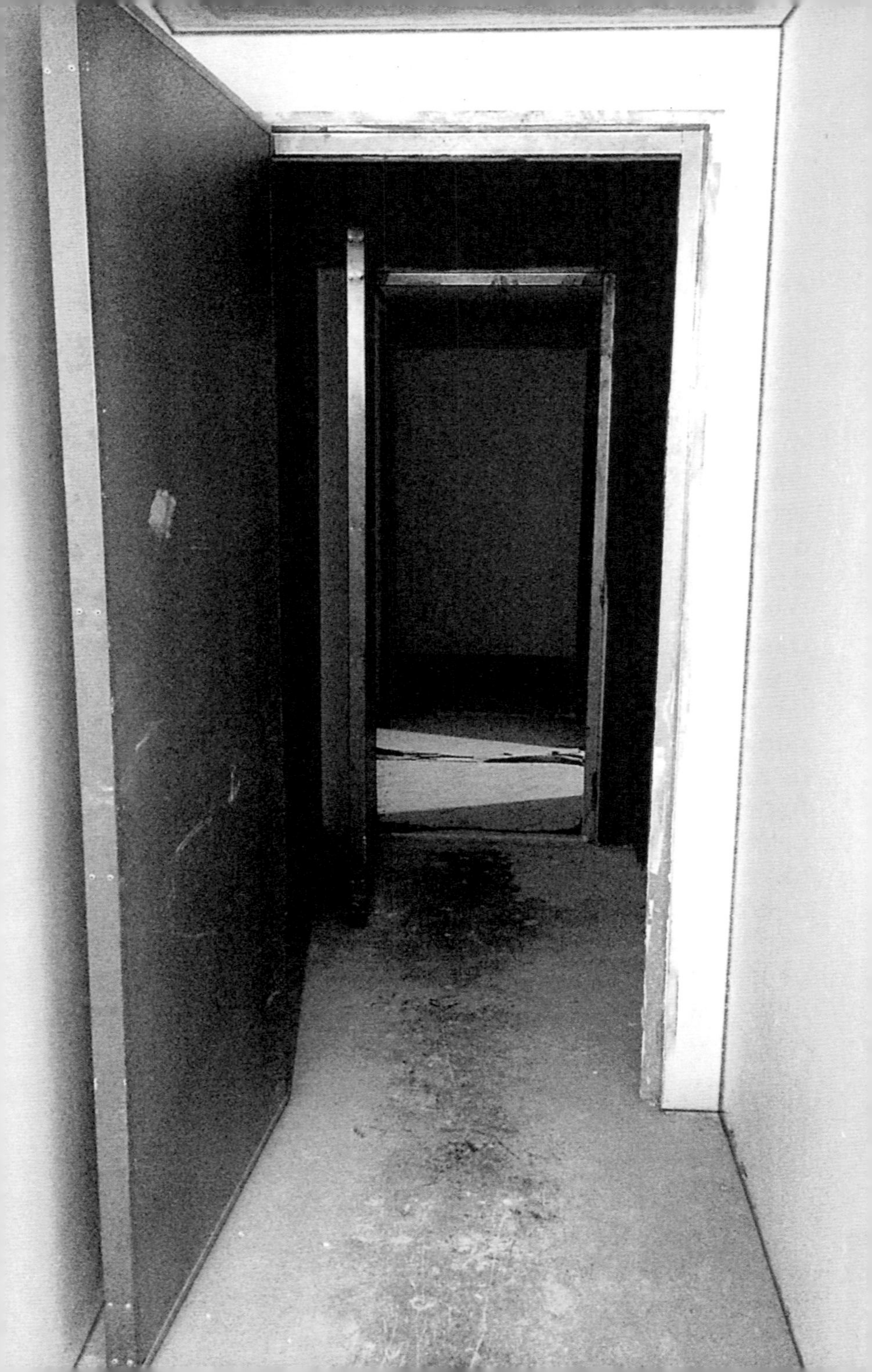

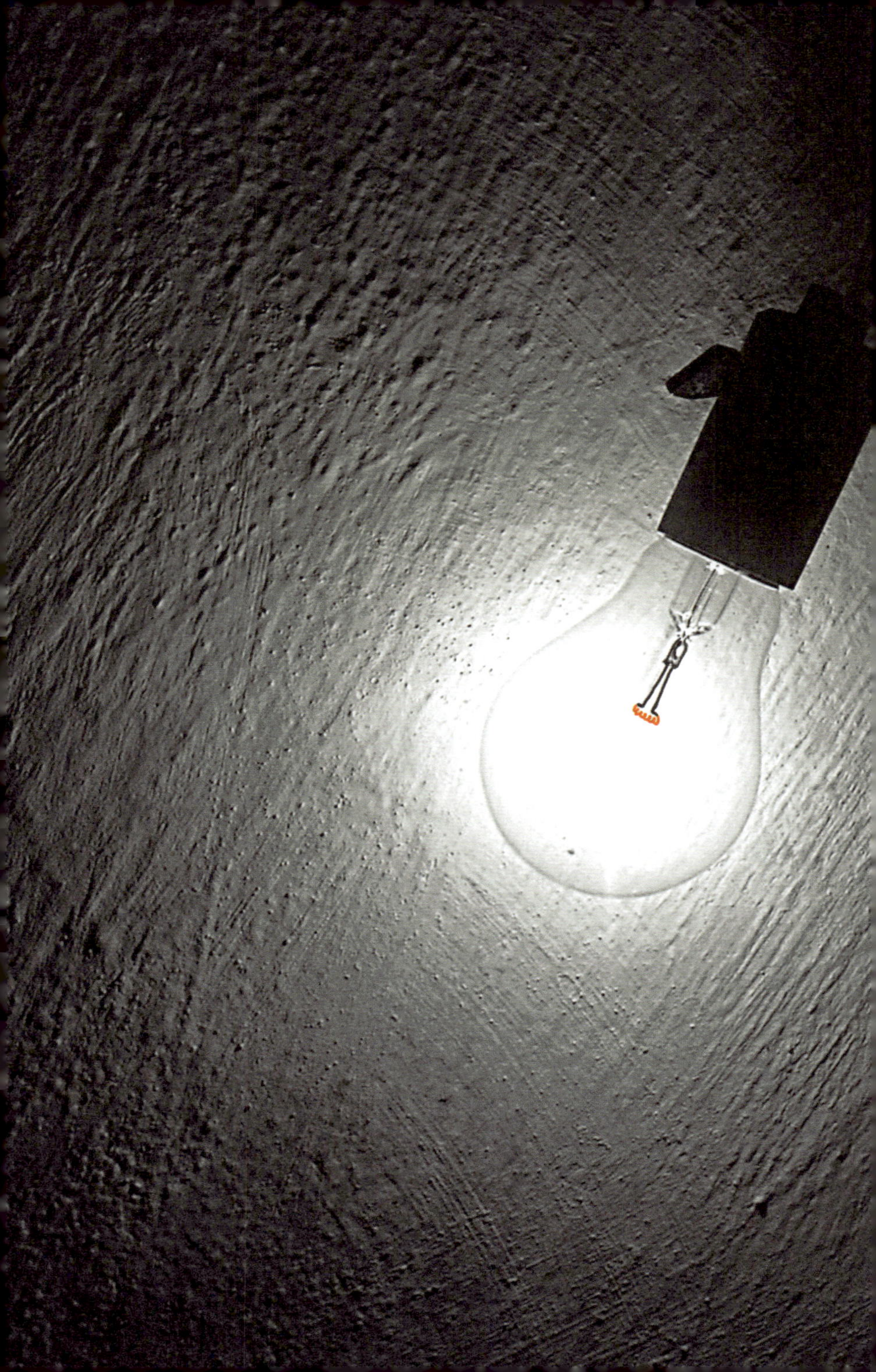

Septuagésimo quinto degrau

A solução é simples. Surge na minha cabeça como grande ideia, inspiração de gênio. Depois de acabar com o cara do apartamento sessenta e seis, volto pra casa, faço uma mochila, pego dinheiro com meu pai, com minha irmãzinha, com Martina, posso até pedir emprestado pro Murtinho, e compro a passagem até Cruz, interior do Ceará. Talvez não exista ônibus direto até lá. Até a capital do Ceará, então. Agora não lembro bem qual é o nome da capital do Ceará, Geografia não é o meu forte, mas é só chegar no guichê da rodoviária e pedir uma passagem pra capital do Ceará. Eles com certeza devem saber. Pronto, resolvido. Pela distância, deve dar uns dois ou três dias de viagem. Na rodoviária de lá, vou no guichê e compro nova passagem, esta pra Cruz. Pelo que olhei no atlas, não parece muito longe da capital. Sei lá, uma ou duas horas. Aí é bater na porta da casa dela. Vai ser divertido ver a cara dela. Susto? Surpresa? Indignação? Tanto faz. Sou filho dela, não vai poder bater a porta na minha cara, será obrigada a me receber.

Septuagésimo sexto degrau

Vou contar tudo pra ela. Mãe, depois que tu fugiu de casa, nos abandonou, nosso mundo virou de cabeça pra baixo. O pai, teu marido, ou ex-marido, ficou cada vez mais triste e mais quieto. E ele nunca teve coragem de ler pra mim o teu bilhete de despedida. Disse só que tu tava indo embora, não sabia quando voltava, precisava de um tempo pra ti. Tudo mentira, né? Tinha muito mais coisa escrita no bilhete, né, mãe? Bom, depois que tu fugiu de casa, mãe, eu fiquei muito indignado e comecei achar a vida muito sem graça, comecei a ficar irritado com montes de coisas, mas com o tempo fui superando. Minha irmãzinha? Tua filha menor? Lembra dela? Ah, mãe, nem te conto. Ela ia dormir achando que tu ia voltar no dia seguinte e no dia seguinte acordava perguntando por ti. Chorava muito. Rezava pedindo tua volta. E tu nunca voltou. Bacana, né, mãe? Minha irmãzinha ficou perdida. Começou até a aceitar carona de um careca mal-encarado e sem-vergonha. Mas não te preocupa, mãe. Eu já matei o cara. Ah, e tu vai ser avó.

Septuagésimo sétimo degrau

Barulho de porta batendo, luz acesa. Paro. Levo a mão ao cabo do revólver. O barulho foi próximo. Não tenho certeza se foi no sexto ou no quinto. Se foi no quinto, tudo bem, vai descer e pronto. Se foi no sexto será outra testemunha com quem vou cruzar. Espero. Ouço passos, um ruído. Parece barulho de sacolas de plástico. Novos passos, meio arrastados, chlept, chlept, chlept. A porta bate de novo. Talvez só alguém botando o lixo pra fora. A rotina de silêncio volta ao ambiente abafado. Quase silêncio, na verdade. Consigo ouvir vozes e televisores, mas aqui em cima as coisas parecem mais tranquilas. Olho o visor do meu celular. Ali marca vinte e uma horas e cinquenta e oito minutos. É cedo ainda. Talvez eu devesse vir mais tarde. Mas aí o problema seria entrar. Então algo me ocorre: e se o pessoal do condomínio costuma trancar a porta da frente do edifício? Nunca me ocorreu ficar trancado dentro do prédio. Belo plano. Se aquelas crianças já tiverem ido pra casa e não houver ninguém lá embaixo pra me abrir a porta estarei preso. Simples assim.

Septuagésimo oitavo degrau

Já consigo ver o último degrau. Agora não dá pra pensar nisso. Se a porta lá embaixo estiver trancada, terei de arrumar um jeito de sair. Nem que eu use a arma do Murtinho pra arrebentar a fechadura. Melhor: dou dois ou três tiros na fechadura e quero ver se a maldita porta não vai abrir. Pronto, isso mesmo. Resolvido. Percebo como minhas mãos tremem e meus joelhos quase não têm mais força. É medo? Não, não é. É só o calor, o cansaço. Quer dizer, tenho medo, sim, afinal nunca matei ninguém e espero não precisar mais ter de matar outra pessoa. Dói muito, confunde minhas ideias. Certo, é nervosismo, claro. Ou será a vertigem? Suo, meu coração bate como nunca bateu antes, em ritmo esquisito, agulhando meu peito, pareço até estar sofrendo ataque do coração, ou derrame, sei lá. Desamarro o moletom e o deixo cair nos degraus. Não me importo mais. Meus olhos estão embaçados. O último degrau tá ali. Se eu me abaixar encosto a mão nele. Tem papel de bala ali. Ai, meu Deus, será que vai me faltar coragem logo aqui? Tão pertinho?

Septuagésimo nono degrau

Preciso lembrar de minha irmãzinha dentro do Fusca azul rebaixado. Pequena, magrinha, totalmente indefesa, as mãozinhas delicadas. Preciso visualizar o motorista do táxi-lotação, cabeça raspada, os ombros largos, o peito inchado, musculoso. Um homem daquele tamanho, com aquela idade, levando minha irmãzinha prum descampado, dando pirulitos, de papo com ela. O delegado dizendo Isso não vai dar em nada. Paro. Preciso respirar, tentar me acalmar. Não quero estragar tudo logo agora. Colo minhas costas na parede morna e suja. Melhor dar um tempo, esperar a luz apagar de novo. Guardo o celular, não preciso mais dele. Enxugo o rosto com a barra da camiseta. Está ensopada. As mãos seguem tremendo, inúteis, não vão conseguir segurar o revólver. Fecho os olhos. Respiro. Não posso pensar em nada, no depois, no meu futuro filho ou filha. Só existe o agora. Respiro tão fundo que o ar me tonteia. O maluco da escada tem toda a razão do mundo: a vida é boa, ruim é viver. Não vou esperar por mais nada. Toco na coronha do trinta e oito. É sinistro. Porque é gostoso. Sorrio. É isso aí, a vida é boa, ruim é viver.

Octogésimo degrau

Último degrau. Pronto, não foi tão difícil. Resolvo ignorar meu coração em pulos horrendos. Corredor vazio. Exceto pela barata em sua corrida bêbada. Logo à esquerda a plaquinha no alto identifica o apartamento sessenta e seis. Então a luz se apaga. É perfeito, um presente do destino, a sorte vem pro meu lado. Meu medo some. Fica só a raiva e a vertigem do calor. Tiro o revólver da cintura. Deus me ajude. Três pancadas secas na madeira, de doer os ossos, pra serem ouvidas. Passos cortam a luz projetada pelo fino retângulo iluminando rente ao chão. A porta é aberta. É minha irmãzinha quem aparece. Aí o tempo para e sou sugado pelo intestino gigantesco do prédio. Bato com força na porta do sessenta e seis. Martina e Claudinha estão ali, me xingando, pedindo explicações. Volto a bater na porta e meu pai, jornal amassado na mão, diz que deveria cuidar da minha irmãzinha. Bato, bato na porta. O safado abre e eu atiro sem respirar, duas vezes, bem rápido, pum, pum! O homem grandalhão desaba morto. A luz volta a ser acesa, me atinge, quase me derruba, e eu corro como nunca, o revólver caído em algum canto. Mergulho oitenta degraus abaixo sem ar, sem fôlego e com toneladas de coisas pra resolver.

degraus do autor

Alguns de meus livros nascem primeiro como estrutura. Ou seja, estudo uma arquitetura para a narrativa e só depois penso em qual história vou contar. Em *80 degraus* ocorreu exatamente assim. Pensei em uma novela de suspense em que os capítulos deveriam ser curtos e representassem cada degrau da jornada do protagonista. A ideia foi fazer a tensão aumentar a medida em que o personagem se aproximasse de seu objetivo: matar um homem. Além do suspense e da tensão, também era muito importante apresentar a história dos personagens envolvidos e, sobretudo, esmiuçar o caráter e a motivação do menino que avança, degrau por degrau, carregando uma arma.

Natural de Porto Alegre, nascido em abril de 1965, sou escritor e jornalista. Tenho pós-graduação em Literatura Brasileira e mais de 50 livros publicados. Ao longo da carreira já recebi prêmios importantes como o *Açorianos* e o *Biblioteca Nacional*. Sempre que possível, participo de feiras do livro e de encontros com leitores em escolas e universidades. Para saber mais de meu trabalho, visite o site www.luisdill.com.br.

degraus do ilustrador

Paulo Otero é fotógrafo e artista plástico. Por um bom tempo se dedicou às fotografias sociais, mas sempre teve um tema recorrente em sua obra, as escadas. Em 2017 fez inclusive uma exposição com suas fotos redesenhadas e revisitadas por seu olhar plástico, não mais do registro, mas indo além e explorando usos e formas de degraus e corrimãos. Quando pensamos em alguém para criar imagens para este livro – *80 degraus* – do Luís Dill, logo o trabalho de Otero veio à nossa mente. A vertigem, a pressa, o ritmo estavam presentes no texto e nas cenas. O fotógrafo aqui redesenha as tensões, participando delas de forma indissociável.

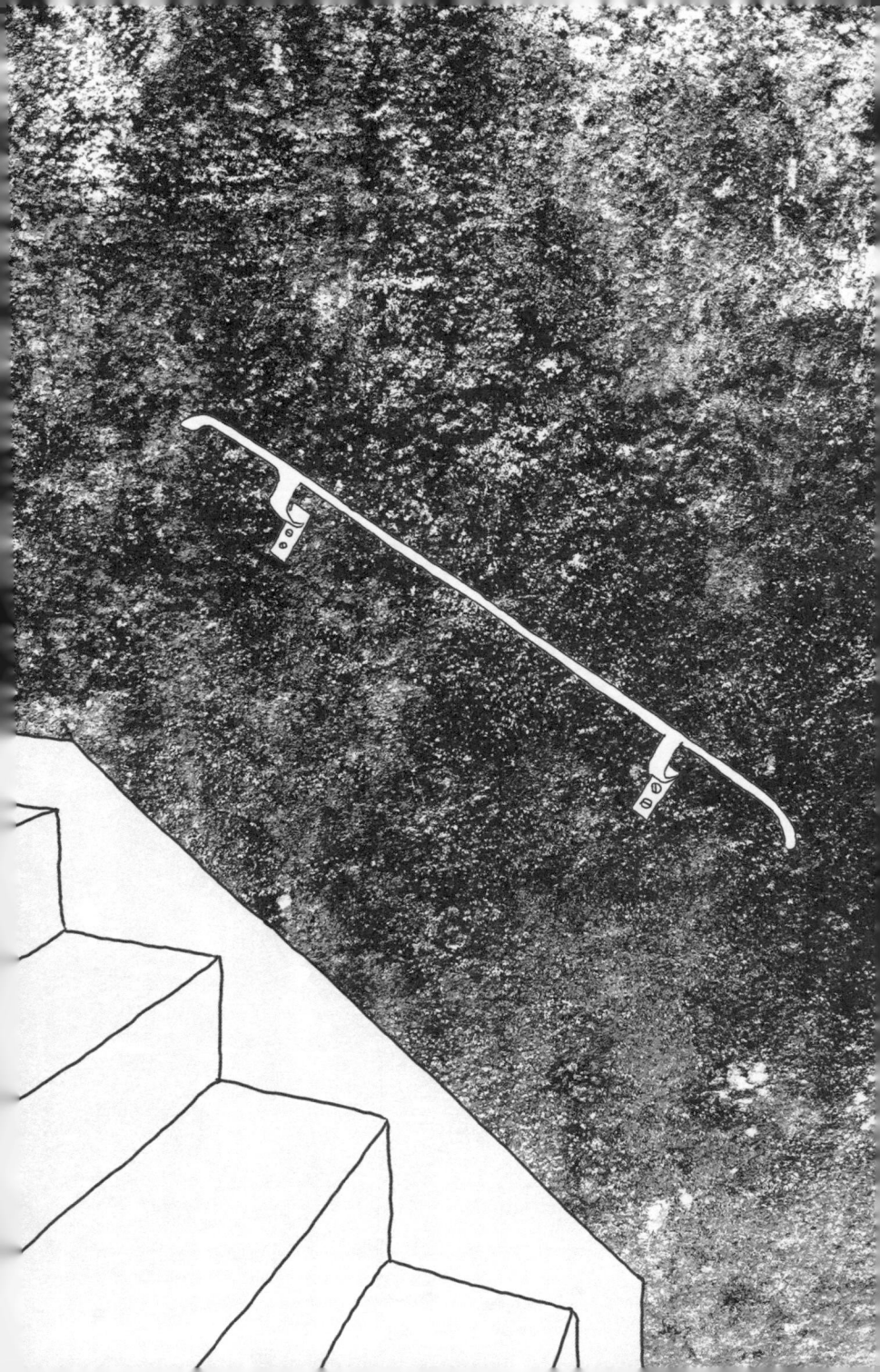

degraus do livro

Nesta novela policial, o premiado autor Luís Dill cria uma narrativa intimista em que as principais ações ocorrem na mente do narrador, que é também o personagem principal. Com essa estratégia, o leitor é envolvido na história de tal forma que se torna cúmplice ou testemunha dos fatos.

A trajetória tensa, lenta, feita em frenesi, é intensificada pelas imagens do artista Paulo Otero e conduz a um final surpreendente.

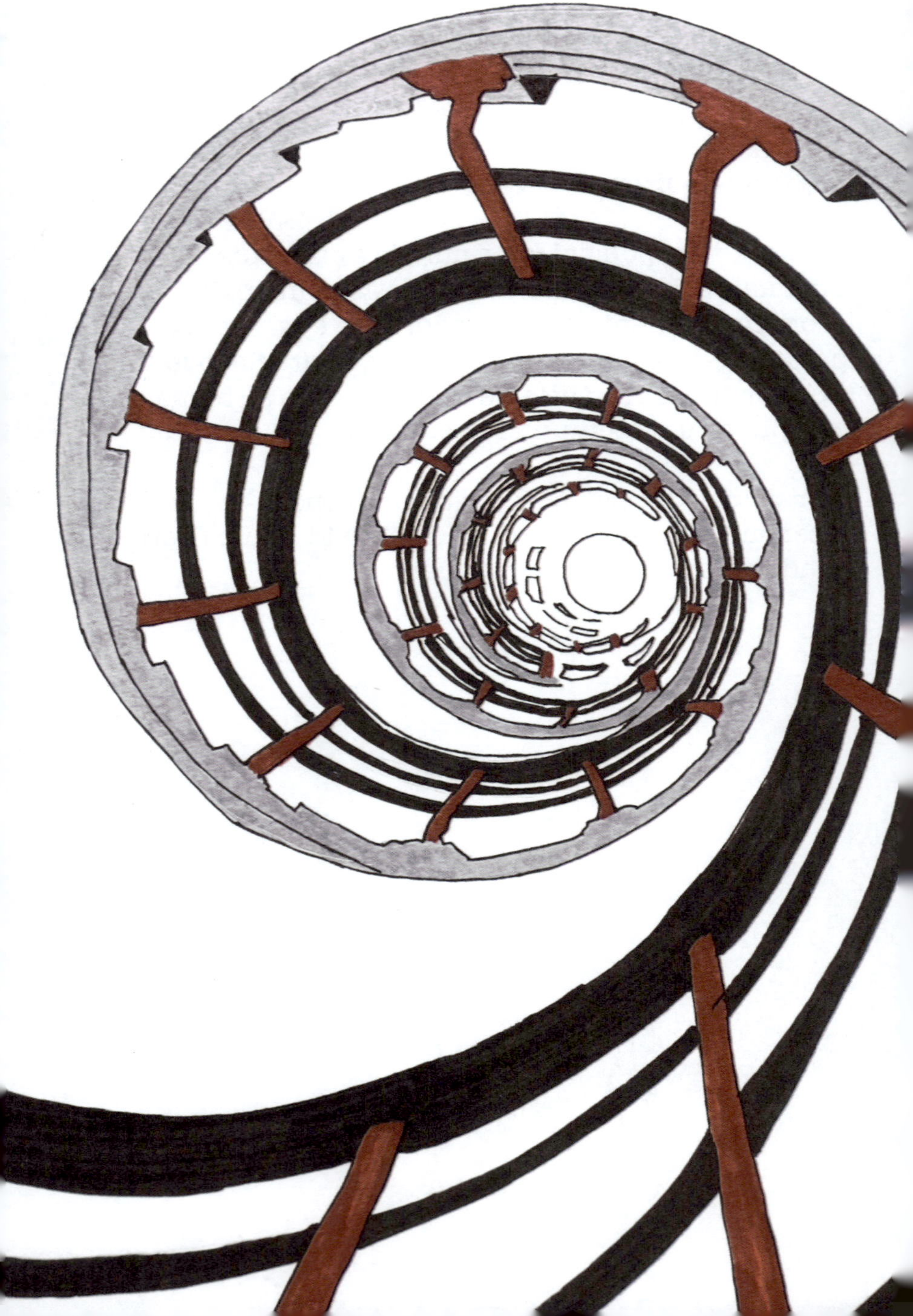